초등학교 3,4학년

사회과 교육과정의 경제교육내용과 내용제시방식

초등학교 3, 4학년

사회과 교육과정의
경제교육내용과
내용제시방식

전영미 著

한국학술정보(주)

그림목차

I. 들어가며

새 천년을 맞이하여 전 세계적으로 다양한 교육개혁 논의가 진행되고 있는 가운데, 특히 교육개혁의 핵심적인 과제로서 교육과정 개혁에 대한 논의가 활발하게 이루어지고 있다. 교육개혁의 핵심적 과제로서 교육과정 개혁 논의에 접근하는 방법은 매우 다양하나, 최근의 연구 동향을 볼 때 교육과정 개혁 논의는 주로 교육 내용과 내용 제시 방식에 초점을 두고 있음을 알 수 있다. 로저스(Rogers, 1997)는 교육과정을 구체적으로 실현하는 위치에 있는 교사의 중요성에 주목하면서 교육과정을 구성·개발하는 과정에서 교사들에게 가르칠 내용을 명료하게 제시하는 것이 매우 중요하다는 것을 강조하였다. 즉 '어떻게 교사에게 가르칠 내용에 대한 일목요연한 이해를 제공할 것인가', '어떻게 하면 교사가 각 학문의 성격을 이해하고 그것의 구조를 파악할 수 있도록 교육과정을 제공할 것인가'에 대한 숙고를 강조하였는데, 그의 이러한 주장은 교육과정에 제시되어야 하는 교육 내용과 그 내용을 명료하게 제시하는 방식에 대한 논의가 중요함을 강조하는 것이라 할 수 있다. 김경자(2000) 역시 교사를 주 독자층으로 하는 교육과정 문서는 가르치고자 하는 교육 내용을 명료하게 제시할 것을 강조하면서, 특히 우리나라와 같이 교과의 내용을 선정하고 조직하는 일이 국가 수준의 교육과정 개발 단계에서 이루어지는 경우, 교육 내용을 제시하는 대표적인 문서인 교육과정에 제시되어야 하는 교육 내용과 그 내용의 제시 방식에 대한 논의가 무 엇보다 중요함을 강조하였다. 1990년대 미국을 중심으로 진행되고 있는 내용 기준(content standards)에 대한 여러 연구들, 예를 들어 교육과정에 제시되어야 하는 각 교과의 절대 내용 기준은 무엇인지 에 대한 연구나(Kendall & Marzano, 2000), 각 주의 교육과정은 교 육 내용을 얼마나 명료하게 제시하고 있는지에 대한 연구(Finn, Petrilli, and Vanourek, 1998) 등은 모두 교육 내용과 내용 제시 방 식이라는 측면에서 교육과정 개혁에 접근하는 것들이라 할 수 있다. 우리나라 역시 예외는 아니어서, 신교육체제 수립을 위한 교육개혁 의 한 방안으로 1997년에 고시된 제7차 교육과정의 개정과정에서, 교과 교육과정에 제시되어야 하는 교육 내용의 적정화, 교과의 특성 에 맞는 교육 내용 구성, 교육 내용의 연계 방식, 교육 내용 제시 방 식 등 교육 내용과 그 내용의 제시 방식이 중요한 논의의 초점으로 부각되었다(이돈희 외, 1997).

이 책은 이와 같은 최근의 교육과정 개혁 논의와 같은 맥락에서, 교과 교육과정에 제시되어야 하는 교육 내용과 그 내용의 제시 방식 에 관심을 두고자 한다. 교육과정에 제시되어야 하는 교육 내용과 그 내용의 제시 방식을 연구의 초점으로 두고자 할 때, 이 문제는 다양한 방식으로 접근될 수 있다. 예를 들어 교육과정에 제시되어야 하는 교육 내용이란 무엇인가라는 교육 내용의 성격 측면에서도 접 근 가능하며, 어떤 교육 내용을 가치 있는 지식으로 선정할 것인가 하는 내용 선정의 측면에서도 접근 가능하다. 또한 그 내용을 어떻 게 조직할 것인가 하는 학습내용 구성의 측면에서도 접근 가능하며, 선정된 교육 내용을 학습자들이 이해할 수 있도록 어떻게 효율적으로 번역할 것인가라는 측면에서도 접근할 수 있다. 이들 여러 가지 접근 방식들은 교육과정상에 교육 내용을 명료하게 제시하기 위해서는 모두 고찰해 보아야 할 것들이지만, 그중에서도 첫 번째 접근 방식은 다른 접근 방식들의 근본이 된다고 할 수 있다. 교육 내용이 무엇인가에 대한 기본적인 인식 없이 상대적으로 가치 있는 교육 내용을 선정하는 일은 불가능하며, 그러한 교육 내용을 조직, 번역하는 일 역시 무의미하기 때문이다.

교육과정에 제시되어야 하는 교육 내용과 내용 제시 방식을 교육 내용의 성격이라는 측면에서 고찰함에 있어서는 먼저 교육 내용에 대한 다양한 접근 방식을 살펴보는 것이 필요하다. 그것은 각각의 접근 방식에서 가정하는 교육 내용의 성격이 서로 다르기 때문이다. 여기서는 교육 내용의 성격을 규정하는 접근 방식을 명제적 지식 중심의 접근 방식과 지적 기능 중심의 접근 방식, 그리고 명제적 지식과 지적 기능과의 통합성을 강조하는 접근 방식으로 나누어 살펴보기로 한다.

명제적 지식 중심의 접근 방식이란 말과 글과 같은 언어적 명제의 형태로 표현된 교육 내용을 강조하는 접근 방식이다. 교육 내용으로서 명제적 지식을 강조한다고 할 때, 명제적 지식이라는 용어는 다음과 같은 두 가지 의미로 사용되고 있다. 첫 번째 의미는 학교에서 가르치는 여러 교과의 명제적 요소라는 의미이다. 예컨대 학교에서 어떤 교과를 가르친다고 할 때 그 교과의 명제적 요소를 강조할 수도 있고, 기능적 요소를 강조할 수도 있고, 정서적 요소를 강조할 수도 있다. 이 중 명제적 요소만을 강조하는 경우가 명제적 지식 중심의 접근 방식에 해당된다. 명제적 지식이라는 용어가 사용되는 두 번째 의미는 어떤 교과의 다양한 요소, 즉 정서적 특징이나 덕목, 기술, 판단력 등의 요소를 가르친다고 할 때 그것의 구체적인 지침이 되는 '방법적 규칙'이라는 의미이다.

그러나 위에서 살펴본 두 가지 의미로 사용되는 명제적 지식 중심의 접근 방식은 다음과 같은 문제점이 지적되면서 심각한 비판에 직면해 있다. 즉 어떤 특정한 교과를 가르친다고 할 때, 그 교과를 구성하는 인지적 요소와 정의적·도덕적 요소는 서로 따로 가르쳐지는 것이 아니라는 것과, 행위를 위한 방법적 규칙을 안다고 하여 실제로 그렇게 행동할 수 있는 것은 아니라는 점이 지적되면서 심각한 비판에 직면해 있다.

지적 기능 중심의 접근 방식이란 명제적 지식이 아닌 그러한 지식을 다루는 데 필요한 지적 기능, 예컨대 독창적이고 유용한 지적 가치를 생산할 창의적·비판적 사고 기능, 또는 문제 해결 능력 등을 주요 교육 내용으로 강조하는 접근 방식을 말한다. 이 접근 방식 역시 내용과 무관한 일반적 지적 기능이라는 것은 무의미하다는 문제점이 지적되면서 심각한 비판에 직면해 있다.

명제적 지식과 지적 기능의 통합성을 강조하는 접근 방식은 교육 내용을 가르친다는 것은 명제적 지식과 지적 기능을 동시에 통합적으로 가르치는 것임을 강조하는 접근 방식이다. 즉 이 접근 방식은 명제적 지식을 가르친다는 것은 그 지식이 탐구된 과정을 따라 가르치는 것으로, 이러한 방법에 의해 명제적 지식을 가르칠 때 명제적 지식과 함께 지적 기능이 학습될 수 있다는 것을 주장하는 접근 방식이라 할 수 있다. 명제적 지식을 그것이 탐구된 과정에 따라 가르칠 때 명제적 지식과 지적 기능을 동시에 학습할 수 있다는 것을 주장한다는 점에서, 이 접근 방식은 학문 중심 교육과정에서 강조하는 교육 내용에 대한 접근 방식이라 할 수 있다. 명제적 지식과 지적 기능의 통합성을 강조하는 이러한 접근 방식은, 최근 학문 중심 교육과정이 새롭게 재조명되면서 계속 강조되어 오고 있다는 점에서(McNeil, 1996), 또한 1990년대 미국을 중심으로 활발하게 진행되고 있는 절대 기준 운동과 수행 평가에서도 가정하는 접근 방식이라는 점에서(김경자, 1999), 앞서 살펴본 두 가지 접근 방식과 비교하여 오늘날 가장 영향력 있는 접근 방식이라 할 수 있다.

이 점에서 이 책에서는 교육 내용을 바라보는 세 가지 접근 방식 중 명제적 지식과 지적 기능의 통합성을 강조하는 접근 방식에 의해 교육 내용의 성격을 고찰하고자 한다. 이 접근 방식을 대표하는 학문 중심 교육과정에서 강조하는 교육 내용은, 명제적 지식을 구성하는 여러 교육 내용은 하나의 구조를 이루어야 한다는 점과, 명제적 지식은 그것이 탐구된 과정을 따라 가르쳐야 한다는 두 가지를 중요한 특징으로 한다. 교육 내용의 이러한 두 가지 특징은, 사실 그동안 교육과정에 제시되어 있는 교육 내용과 관련된 문제점을 지적하고 있는 여러 연구들이 가정하는 중요한 특징이기도 하다. 예컨대 교육과정에 구조화되지 않은 많은 학습 내용들이 단순 정보의 형태로 제시되어 있다는 문제점을 지적하고 있는 여러 연구들은(황규호, 1997: 김경자, 2000: 장상호, 2000: 이돈희, 1997, 1999) 교육 내용이 구조를 이루어야 한다는 점을 교육 내용의 중요한 특징으로 가정하는 것이라 할 수 있다. 또한 교육과정에 명제적 지식만 제시되어 있고 그 지식을 어떻게 탐구하고 이해해야 하는지에 대한 것은 제시되어 있지 않다는 것을 지적하는 여러 연구들은(Afolabi, 1979: 김재형, 최용규, 1996: 허경철 외, 1995: 이돈희, 1997) 명제적 지식을 그것의 탐구 방식에 따라 가르쳐야 된다는 것을 가정하는 것이라 할 수 있다.

위의 연구들이 가정하는 두 가지 교육 내용의 특징을 중심으로 교육 내용의 성격을 고찰하고, 이를 바탕으로 교육과정에 제시되어야 하는 교육 내용과 그 내용의 제시 방식을 분석하는 것이 이 책의 일차적인 목적이다. 즉 교과 교육과정은 교사들이 학생들에게 가르쳐야 하는 교육 내용을 명료하게 제시하여야 한다는 전제하에, 교육과정에 제시되어야 하는 교육 내용과 그 내용의 제시 방식을 고찰하고, 그동안 우리나라의 교육과정에는 그러한 성격의 교육 내용이 명료하게 제시되어 있는지를 분석하는 것을 그 목적으로 하였다. 이를 위하여 특히 초등학교 3 · 4학년 사회과 교육과정과 교육과정 해설서 및 교사용 지도서에 제시되어 있는 경제교육 내용을 중점적으로 분석하였다. 여기서 교육과정과 더불어 교육과정 해설서와 교사용 지도서도 함께 분석한 이유는, 이 세 가지가 교사들이 수업에서 가르칠 교육 내용을 제시하는 대표적인 문서이기 때문이다.

이 점에서 이 책에서는 초등학교 3 · 4학년에서 가르쳐야 할 경제교육의 기본 개념과 원리는 무엇이며, 이들 내용을 그것에 고유한 탐구 방식에 따라 가르치기 위해 수업에서 어떤 학습 활동을 제공해야 하는지, 제3, 4, 5, 6, 7차 사회과 교육과정과 해설서 및 지도서에 이들 기본 개념과 원리 및 학습 활동은 제시되어 있는지, 교육과정과 해설서 및 지도서에 제시되어 있는 사실, 개념, 원리 등의 경제교육 내용은 구조를 이루고 있는지 등을 분석하였다. 이와 더불어 이 책에서는 교육과정에 교육 내용을 체계적으로 명료하게 제시하는 것이 실제적으로 교육 내용을 명료하게 인식하는 데 얼마나 영향을 미치는지, 또한 실제 수업에는 얼마나 영향을 미치는지를 알아보기 위하여 경제교육 내용의 중요도에 대한 교사들의 인식 정도와 실제 수업에서 교사들이 가르쳤다고 인식하는 경제교육 내용도 함께 분석하였다.

이 책에서 다루어질 구체적인 연구 내용을 제시하면 다음과 같다.

1. 초등학교 3·4학년에서 가르쳐야 하는 경제교육 내용과 이 내용을 가르치기 위해 제공하여야 할 학습 활동
   1-1. 초등학교 3·4학년에서 가르쳐야 하는 경제교육의 기본 개념과 하위 개념
   1-2. 초등학교 3·4학년에서 가르쳐야 할 경제교육의 원리 및 하위 원리
   1-3. 초등학교 3·4학년 수업에서 제공해야 할 학습 활동과 하위 유목

2. 제3, 4, 5, 6, 7차 초등학교 3·4학년 사회과 교육과정과 교육과정 해설서 및 교사용 지도서에 제시되어 있는 경제교육 내용
   2-1. 제3, 4, 5, 6, 7차 초등학교 3·4학년 사회과 교육과정과 교육과정 해설서 및 교사용 지도서에 제시되어 있는 경제교육의 기본 개념과 원리
   2-2. 제3, 4, 5, 6, 7차 초등학교 3·4학년 사회과 교육과정과 교육과정 해설서 및 교사용 지도서에 제시되어 있는 경제교육 내용의 구조성 여부

2-3. 제3, 4, 5, 6, 7차 초등학교 3·4학년 사회과 교육과정과 교육
과정 해설서 및 교사용 지도서에 제시되어 있는 학습 활동

3. 초등학교 3·4학년 교사들의 경제교육 내용의 중요도에 대한
인식 정도
3-1. 사실, 개념, 원리의 중요성에 대한 초등학교 3·4학년 교사
들의 인식 정도
3-2. 교육과정에 제시되어 있는 내용과 제시되지 않은 내용에 대
한 초등학교 3·4학년 교사들의 인식 정도
3-3. 학습 활동의 중요도에 대한 초등학교 3·4학년 교사들의 인
식 정도

4. 수업에서 교사들이 가르쳤다고 인식하는 경제교육 내용
4-1. 사실, 개념, 원리를 가르쳤다고 인식하는 교사들의 비율
4-2. 교육과정에 제시되어 있는 내용과 제시되지 않은 내용을 가
르쳤다고 인식하는 교사들의 비율
4-3. 학습 활동에 의해 교육 내용을 가르쳤다고 인식하는 교사들
의 비율

Ⅱ. 이론적 기초

교육적 활동에서 교육 내용이 중요한 만큼 교육 내용의 성격을 무엇으로 규정할 것인가에 대해서는 많은 의견이 있다. 여기서는 이들 여러 의견들을 고찰하고 그중에서 오늘날 가장 강력하게 강조되고 있는 접근 방식과 그러한 접근 방식에서 강조하는 교육 내용의 특징을 보다 구체적으로 살펴본다. 마지막으로 위에서 고찰한 교육 내용의 특징을 중심으로 그러한 특징이 교육과정상에 명료하게 제시되기 위한 방식을 고찰해 본다.

A. 교육 내용의 성격 규정에 대한 접근 방식

교육 내용은 오랫동안 교육과정의 중요한 관심 영역으로 간주되어져 왔다. 많은 학자들은 교육 내용이 교육과정 전문가들이 결정해야 할 핵심적 주제라고 생각하고 있다. 그런 만큼 무엇을 교육 내용으로 가르칠 것인가에 대해서는 다양한 의견이 제시되어 왔는데, 여기서는 크게 명제적 지식 중심의 접근 방식, 지적 기능 중심의 접근 방식, 그리고 명제적 지식과 지적 기능의 통합성을 강조하는 접근 방식의 세 가지로 나누어 살펴본다.

1. 명제적 지식 중심의 접근 방식

명제적 지식 중심의 접근 방식이란 말과 글과 같은 언어적 명제의 형태로 표현된 교육 내용을 강조하는 접근 방식이다. 교육 내용으로서 명제적 지식을 강조한다고 할 때, 명제적 지식이라는 용어는 매우 다양한 의미로 사용되고 있다. 홍은숙(1999)은 교육적 논의에 등장하는 지식교육이라는 용어가 사용되는 의미를 세 가지로 구분하고 있는데, 이렇게 구분된 지식교육의 세 가지 의미는 명제적 지식이 사용되는 의미를 명료하게 분석하는 데 매우 유용한다. 지식교육이라는 용어가 사용되는 세 가지 의미를 살펴보면, 첫째 지식교육은 교과 선택과정에서 이론적 학문 활동을 선택하는 맥락에서 사용되기도 하며, 둘째, 교과의 목적을 설정할 때 활동의 명제적 요소를 강조하는 맥락에서 사용되기도 하고, 셋째, 교수과정에서 이론 및 규칙에 초점을 두고 가르칠 것을 강조하는 맥락에서 사용되기도 한다. 홍은숙의 이러한 구분을 보다 자세히 살펴보면, 첫 번째 의미는 실제적인 활동보다는 이론적인 학문 활동을 학교 교과로 선택하는 경우에 사용되는 의미이다. 두 번째 의미는 이론적인 학문 활동을 가르친다고 할 때, 그 학문 활동을 구성하는 다양한 요소 중 명제적 요소에 교육의 초점을 두는 경우에 사용되는 의미이다. 세 번째 의미는 학문의 다양한 요소들을 가르칠 때 각 요소를 실행하는 규칙에 강조를 두고 가르치는 경우에 사용되는 의미이다.

홍은숙이 구분한 지식교육의 이러한 세 가지 의미에 따르면, 명제적 지식이라는 용어는 크게 다음과 같은 두 가지 의미로 구분해 볼 수 있다. 첫 번째 의미는 학교에서 가르치는 여러 교과의 명제적 요소라는 의미이다. 예컨대 학교에서 어떤 교과를 가르친다고 할 때 그 교과의 명제적 요소를 강조할 수도 있고, 기능적 요소를 강조할 수도 있고, 정서적 요소를 강조할 수도 있다. 이 중 명제적 요소만을 강조하는 경우가 명제적 지식 중심의 접근 방식에 해당된다. 이와 같이 교과의 명제적 요소를 중요한 교육 내용으로 강조하는 것은, 명제적 요소가 다른 요소들을 지배하는 '논리적이고 근본적인 (logically basic) 부분'이라는 점 때문이다. 허스트(Hirst, 1970)는 교육과정의 근본 목표는 지식의 형식, 특히 명제적인 지식 및 이해를 배우는 것이어야 한다고 말한다.

> 자율성이라든지 창의성, 비판적 사고 등과 같이 보다 세련된 목표들이 있기 위해서는 필연적으로 객관적 경험이나 지식 및 이해 등이 먼저 획득되어야 한다. 만약 그렇다면, 모든 목표들 중에서 논리적으로 가장 근본적인 목표는 인지적인 것이 될 것이며, 다른 목표들은 그 인지적인 바탕 위에서, 인지적인 것으로부터 생겨나서, 그리고 인지적인 것과의 관련 속에서 발달될 수밖에 없는 것이다(p.61-62).

위에 제시된 것처럼 객관적 경험이나 지식 및 이해가 모든 목표들 중에서 논리적으로 가장 근본적인 목표라는 허스트의 주장은, 명제적 요소가 다른 요소들에 비해 선행하는 교육목표가 되어야 한다는 뜻으로, 이것은 곧 명제적 지식을 배우게 되면 다른 요소들은 자연히 배우게 되며, 따라서 명제적 지식을 중요한 교육 내용으로 강조해야 한다는 것을 주장하는 것이라고 볼 수 있다.

명제적 지식이라는 용어가 사용되는 두 번째 의미는 어떤 교과의 다양한 요소, 즉 정서적 특징이나 덕목, 기술, 판단력 등의 요소를 가르친다고 할 때 그것의 구체적인 지침이 되는 '방법적 규칙'이라는 의미이다. 방법적 규칙으로서의 명제적 지식을 강조하는 것은 어떤 행위나 활동을 가르치기 위해서는 그 활동과 관련된 방법적 규칙을 이론적으로 가르치는 것이 필수적이라는 생각 때문이다. 이 생각에 따르면, 교육에서 어떤 행위를 가르치기 위해서는 활동과 관련된 방법적 규칙을 중요한 교육 내용으로 강조하여야 하는데, 이때 활동과 관련된 방법적 규칙이라는 것이 바로 언어적 명제의 형태로 제시되어 있는 지식이다.

그러나 위에서 살펴본 두 가지 의미로 사용되는 명제적 지식은 각각 다음과 같은 문제가 있는 것으로 지적된다. 첫 번째 의미로 강조되는 명제적 지식은 교육에 있어서 명제가 다른 요소들에 비해 논리적이고 근본적이지 않다는 점이 지적되면서 비판받고 있다. 즉 교과의 명제적 지식을 배우는 것이 정의적 요소나 판단력과 같은 다른 요소들을 배우는 데 반드시 필요조건은 아니며 따라서 교과의 명제적 지식만을 교육 내용으로 강조하는 것은 잘못이라는 것이다(홍은숙, 1999). 다시 말하면 명제적 원리를 안다고 해서 감정이나 덕목 등이 저절로 얻어지는 것도 아니며, 또한 다른 요소들을 배우는 데 명제적 지식이 반드시 필요한 것도 아니라는 것이다

두 번째 의미로 강조되는 명제적 지식은 어떤 활동의 방법적 규칙을 안다고 해서 그 활동을 잘 수행하는 것은 아니라는 점이 지적되면서 비판받고 있다. 이 두 번째 의미에 대한 비판은 '주지주의 신화'에 대한 라일(Ryle, 1949)의 주장에 잘 나타나 있다. 주지주의의 신화란 예컨대 교육 활동, 의술 활동, 법 활동 등과 같은 전문적인 활동을 잘 하려고 할 때 과학적 이론이나 기술을 먼저 가르친 후 그

이론을 실제 문제 해결에 도구적으로 적용하도록 해야 한다는 주장이다. 라일은 이러한 주지주의의 신화에 대하여 지력이 나타나지만 그것을 말로 표현할 수 없는 경우를 지적함으로써 비판한다. 즉 사람들은 결코 논쟁할 때마다 논리적 규칙을 말로 확인하지 않는다는 것이다(1949, 30). 논리적으로 사고한다는 것은 하나의 사고방식으로 체득되어, 일일이 외적인 규칙을 말로 해 보지 않고도 자연스럽고 능률적인 방식으로 논리적 규칙을 지키는 것을 말한다. 능률적인 활동이라는 것은 규칙을 생각한 후에 실행하는 두 가지 일이 아니라 어떤 방법이나 스타일로 실행하는 한 가지 일로 따라서 교육 활동에서 방법적 규칙만을 중요한 교육 내용으로 강조하는 것은 잘못이라는 것이다.

지금까지 명제적 지식을 교육 내용으로 강조한다고 했을 때 명제적 지식이라는 것이 어떤 의미로 사용되고 있는지, 그리고 그 의미가 지니는 문제점은 무엇인지에 대하여 살펴보았다. 위에서 살펴본 이러한 비판은, 명제적 지식만을 주요 교육 내용으로 강조하는 것이 잘못되었다는 것을 지적하는 비판일 뿐 아니라 교육 내용에 무엇이 포함되어야 하는지, 그리고 어떻게 가르쳐야 하는지에 매우 중요한 가정을 내포한다. 즉 첫 번째 의미로 사용되는 명제적 지식에 대한 비판은 교육 내용에는 명제적 지식 이외 다른 요소가 포함되어야 한다는 것을 가정한다고 볼 수 있다. 또한 두 번째 의미로 사용되는 명제적 지식에 대한 비판은 학생들로 하여금 무엇인가를 하도록 하기 위해서는 단지 명제적 지식을 가르치는 것이 아니라 실제 그 활동을 수행하도록 하여야 한다는 것을 가정한다고 볼 수 있다. 다음에 살펴볼 교육 내용의 성격에 대한 두 번째 접근 방식은 명제적 지식을 강조하는 접근 방식이 한쪽 극단을 차지한다면, 이 접근 방식의 문제점을 해결하기 위하여 다른 한 극단으로 제시된 것으로, 교과의 명제적 요소가 아닌 다른 요소에 해당하는 지적 기능을 주요 교육 내용으로 가르침으로써 실제 학생들이 무엇인가를 할 수 있도록 할 것을 강조하는 접근 방식이라 할 수 있다.

2. 지적 기능 중심의 접근 방식

지적 기능 중심의 접근 방식은 말과 글과 같은 언어로 표현된 명제적 지식이 아닌 그러한 지식들을 습득하거나 학습하는 과정에서 익혀야 할 능력을 중요한 교육 내용으로 강조하는 접근 방식이다. 즉 이 접근 방식은 명제적 지식이 아닌 그러한 지식을 다루는 데 필요한 지적 기능, 예컨대 창의적 · 비판적 사고 기능, 또는 문제 해결 능력 등을 주요 교육 내용으로 강조하는 접근 방식으로, 인지 중심 교육과정이 이 접근 방식을 대표하는 이론이라 할 수 있다.

인지 중심 교육과정은 사고 과정 또는 사고 기능을 중요한 교육 내용으로 강조한다. 이 교육과정은, 학교의 중요한 기능은 (1) 학생들에게 학습하는 방법을 학습하도록 도와주는 것, 그리고 (2) 학생들이 지니고 있는 다양한 지적 기능을 활용하고 신장시킬 수 있는 기회를 제공하는 것이라고 본다(E. W. Eisner, 1983, 이해명 역, 1985, 74-77). 인지 중심 교육과정에서 이와 같이 사고 기능을 중요한 교육 내용으로 강조하는 이유는 그러한 기능들이 개인이 일생 동안 어쩔 수 없이 부딪치게 되는 문제들을 적절하게 처리하는 데 유용하다는 점 때문이다. 학교가 정보의 습득이나 사실의 수집 또는 이론의 전파에만 치중한다면, 학생들은, 현재로서는 전혀 예측할 수 없는 앞으로 일어날 일이나 문제들을 처리하는 데 어려움을 겪게 된다. 따라서 학교에서는 학생들의 머릿속에 현재의 지식을 쌓아 놓는 것이 아니라 나중에 그런 문제들을 처리하는 데 도움이 되는 인지과정(cognitive process)을 중요한 교육 내용으로 가르쳐야 한다고 주장한다.

이러한 교육과정의 경향은, 골상학자 또는 19세기 기능주의 심리학자들에서 그 뿌리를 찾을 수 있다. 이들에 의하면, 정신은 뇌의 각기 다른 부분에 자리 잡고 있는 37개의 근육의 집합으로 구성되어 있는데, 특별히 어렵고 만만찮은 일의 수행을 통해 정신의 능력이 강화되어 간다. 여기서 특별히 어렵고 만만찮은 일의 수행이란 단지 기억하고 암기하는 것이 아니라 추리하고 분석하는 일, 문제를 찾아 적용하고 응용하는 일 등의 고차원적인 지적 기능을 수행하는 것이다. 인지 중심 교육과정은 이와 같이 구체적인 정신 작용은 그러한 활용을 요구하는 기능이나 활동을 통해서만 강화된다는 가정 아래, 그런 고차원적인 기능이나 과정을 중요한 교육 내용으로 가르칠 것을 강조한다.

교육 내용의 초점을 이와 같이 인지과정, 즉 지적 기능에 두고 이를 이용한 여러 가지 프로그램을 개발한 대표적인 학자로는 리프만(M. Lipman)과 스턴버그(R. Sternberg)를 들 수 있다. 리프만(1984)은 『아동을 위한 철학』이라고 불리는 일련의 텍스트를 통해 비판적 사고를 가르치는 데 필요한 전략을 제시하고 있다. 이 전략에 따라 아동들은 텍스트 속에 들어 있는 이야기를 읽고 난 뒤, 그 이야기 속에 설명되어 있는 사고과정을 적용하는 학급 토의와 실습 등에 참여하면서 사고에 대해, 그리고 효율적인 사고와 비효율적인 사고를 구분짓는 방식을 학습하게 된다. 스턴버그(1984)는 비판적 사고를 증진시켜 줄 수 있는 일련의 정신적 과정에 대한 설명을 통해 수업에서 학생들의 비판적 사고를 증진시킬 것을 강조하였다. 드보노(De Bono, 송광한, 양성진 공역, 1995) 역시 사고를 '일반적 기능'으로 간주하여 특별한 사고 프로그램 및 수업을 통하여 직접 가르칠 것을 강조하였다. 그가 저술한 『중학생을 위한 사고력 훈련 과정』, 『CoRT 사고력 증진 수업』, 『사고력 가르치기』 등은 모두 사고력을 기르기 위한 일련의 사고력 조작과정을 설명하고 연습하도록 한 책들이다.

  인지 중심 교육과정은 이와 같이 명제적 지식을 처리할 수 있는 사고 기능을 교육 내용으로 강조한다는 점에서 지적 기능 중심의 접근 방식을 대표하는 이론이라 할 수 있다. 이 이론에서 강조하는 교육 내용으로서의 지적 기능은 사고의 근거가 되는 특정 분야의 지식과 무관하게 가르쳐질 수 있다는 특징을 갖는다. 즉 지적 기능이라는 것은 "한 분야에 있어서 ~으로 사고하는 사람은 다른 분야에 있어서도 그렇게 ~할 수 있다"는 전이 가능성을 전제로 하는 교육 내용으로, 이 이론에서는 이와 같이 특정한 지적 기능을 '일반적인' 기능으로 간주하여, '직접적'으로 그리고 '명시적'으로 가르칠 수 있다고 본다(김영채, 1999). 내용과 무관한 지적 기능을 교육 내용으로 가르칠 것을 주장하는 이 이론은 내용을 무시한 추상적인 형식을 강조한다는 점에서 '형식주의' 교육이론으로 불리기도 한다.

  그러나 사고 기능을 내용과 무관한 일반적인 지적 기능으로 가르칠 것을 강조하는 접근 방식은 사고 기능이란 내용과 무관한 기능이 아니라 '무엇에 관해' 사고하는 기능이라는 것이 지적되면서 심각한 비판에 직면해 있다. 멕펙(McPeck, 1981)은 이러한 비판을 제기하는 가장 대표적인 학자라고 할 수 있다. 비판적 사고를 하나의 독립된 교육 내용으로 가르쳐야 한다는 주장에 대한 반론으로, 그는 비판적 사고를 가르친다는 것은 내용과 무관한 추상적 또는 논리적인 사고 능력을 가르치는 것이 결코 아님을 강조한다. 그에 의하면, 비판적 사고를 잘 하기 위해서는 비판적으로 사고해야 되는 영역에 대한 지식이 필요하며 이를 기초로 언제 어떻게 그렇게 사고해야 하는가를 판단할 수 있어야 한다. 비판적 마음이란 결코 학문적으로 훈련된 마음과 양립될 수 없는 것이 아니며 오히려 반대로 학문이 없는 비판은 경솔한 것임을 지적한다. 멕펙의 이러한 주장은 곧 비판적 사고라는 것은 그 대상이 되는 활동의 내용과 함께 가르쳐져야 함을 주장하는 것으로, 이것은 곧 사고 기능이라는 것이 결코 내용과 무관한 일반적인 지적 기능이 아님을 지적하는 것이라고 할 수 있다.

지금까지 교육 내용의 성격을 규정하는 접근 방식으로 명제적 지식을 강조하는 접근 방식과 지적 기능을 중시하는 접근 방식의 두 가지를 살펴보았다. 이들 두 접근 방식은 각기 다른 교육 내용을 각기 다른 이유에서 강조한다는 점에서 서로 배타적이라고 할 수 있다. 즉 명제적 지식을 강조하는 접근 방식에서는 지적 기능을 교육 내용으로 가르칠 것에 대한 고려가 전혀 없으며, 또한 지적 기능 중심의 접근 방식에서는 내용과 무관한 일반적인 기능을 중요한 교육 내용으로 강조함으로써 내용, 즉 명제적 지식에 대한 고려가 전혀 없다. 그러나 각각의 접근 방식에 대한 비판에서 살펴보았듯이, 명제적 지식과 더불어 지적 기능은 교육 내용의 중요한 한 요소를 차지하며 이때 지적 기능은 사고의 토대가 되는 내용과 결코 무관한 것이 아니라고 할 수 있다. 다음에서 살펴볼 교육 내용의 성격을 규정하는 세 번째 접근 방식은 명제적 지식과 지적 기능을 동시에 고려하는 접근 방식이라 할 수 있다. 즉 이 접근 방식은 명제적 지식을 가르친다는 것은 그 지식이 탐구된 과정을 따라 가르치는 것으로, 이러한 방법에 의해 명제적 지식을 가르칠 때 명제적 지식과 함께 지적 기능도 학습될 수 있다는 것을 주장하는 접근 방식이라 할 수 있다.

3. 명제적 지식과 지적 기능의 통합성을 강조하는 접근방식

명제적 지식과 지적 기능의 통합성을 강조하는 접근 방식은 교육 내용을 가르친다는 것은 명제적 지식과 지적 기능을 동시에 통합적으로 가르치는 것임을 강조하는 접근 방식이다. 주로 올바른 지식교육의 의미 또는 지식을 가르친다는 것의 의미에 대한 논의에서 강조되는 이러한 접근 방식은 각 교과의 명제적 지식을 올바르게 가르치면 지적 기능이 함께 학습된다는 것을 강조한다. 바꾸어 말하면 지적 기능이란 내용과 무관한 것이 결코 아니며 명제적 지식을 통해 가르쳐질 수밖에 없는 것임을 강조한다. 교육 내용이라는 것을 이와 같이 명제적 지식과 지적 기능이 통합되어 있는 것으로 파악하는 관점은 쿤(Kuhn)의 주장에서 찾아볼 수 있다.

쿤(1970)은 『과학 혁명의 구조』라는 책에서 과학을 과학 교과서에 수록된 사실이나 명제, 또는 방법들의 집합체로 이해하는, 과학에 대한 정적인 견해를 비판한다. 대신 그는 과학은 지금까지 이어져 내려오는 과학적 탐구 활동의 전통이라는 '과학에 대한 동적인 견해'를 제시한다(홍은숙, 1999). 쿤(1970, viii)에 의하면, 과학이라는 것은 "과학자 집단에게 일정 기간 동안 전형적인 문제와 해결 방식을 제공해 주는, 보편적으로 인정된 과학적 성취물"을 뜻하는 '패러다임'이라고 불리는 것으로 구성되어 있다. 그에 의하면 이 패러다임은 인지적 기능과 규범적 기능을 가진다. 인지적 기능은 과학적 이론, 즉 과학자들이 세계를 볼 수 있는 개념틀 또는 일종의 '지도'를 제공하는 것이다. 규범적 기능은 '지도를 만드는 방법' 즉 과학적 활동을 하는 데 필수적인 과학 기술, 규범, 준거 등의 과학적 탐구 방법을 제공하는 것(109)으로, 이 규범적 기능이 바로 과학적 사고력과 같은 과학을 통해 가르치고자 하는 지적 기능과 관련된 것이다. 이 점에서 쿤은 교육 내용을 명제적 지식과 지적 기능이 통합되어 있는 것으로 파악하고 있다고 볼 수 있다.

홍은숙(1999) 역시 쿤의 주장과 같은 맥락에서 명제적 지식과 지적 기능 간의 통합성을 강조한다. 그에 의하면, 교과라는 것은 본질적으로 정적인 명제적 지식의 집합이 아니라 하나의 인간 활동으로 인식되어야 하며, 그와 같이 교과가 하나의 인간 활동으로 인식될 때 교육의 다양한 측면들이 조화롭게 고려될 수 있다. 즉 교과는 인지, 정서, 가치, 기능 등등의 교육의 여러 측면들 중에서 다른 측면은 제거된 채 특정 면만을 가르치는 '순수화된 것'이 아니며, 오히려 다양한 요소를 모두 포함하고 있는 것이다. 또한 이 다양한 요소들은 각기 다른 교과를 통해 가르칠 수 없는 것, 즉 각 교과 자체에 충실하게 가르칠 때에 비로소 제대로 가르쳐질 수 있는 것이다. 각 교과의 내용은 다양한 요소를 포함하고 있으며, 교과 자체에 충실하게 가르칠 때 그 다양한 요소들을 비로소 가르칠 수 있다는 그의 이러한 주장은 교육 내용이라는 것을 명제적 지식과 지적 기능이 통합되어 있는 것으로 파악하는 것이라 할 수 있다.

스텐젤(Stengel, 1997)도 수학 교과를 하나의 사례로 들어 수학적 지식과 수학적 지적 기능과의 통합성을 강조하였다. 그에 의하면, 초·중등 학생들에게 수학적 지식을 가르친다는 것은 단지 수학적 개념과 원리를 가르치는 것이 아니라 수학적 사고력을 함께 가르치는 것이다. 이때 수학적 사고력이란 일상적이지 않는 문제를 효과적으로 해결하기 위하여 다양한 수학적 방법을 사용하는 능력뿐 아니라 탐구하고 논리적으로 추론하는 능력을 포함하는 것으로, 이것은 다름 아니라 수학적 지적 기능을 말한다. 수학적 지식을 가르친다는 것이 수학적 개념과 원리뿐 아니라 수학적 사고력을 함께 가르치는 것이라는 그의 이러한 주장은 곧 수학 교과의 내용은 수학적 지식과 수학적 사고력 또는 지적 기능이 통합되어 있는 것임을 주장하는 것이라 할 수 있다.

명제적 지식과 지적 기능 간의 통합성을 강조하는 이와 같은 접근 방식은, 교육과정의 역사를 교과 중심 교육과정, 경험 중심 교육과정, 학문 중심 교육과정으로 유형화할 때, 학문 중심 교육과정에서 주장하는 접근 방식이라고 할 수 있다. 학문 중심 교육과정은, 교육 내용으로서의 '지식의 구조'를 그것이 탐구된 과정에 따라 가르칠 것을 주장하는 교육과정 이론으로, 교육 내용을 이와 같은 과정에 따라 가르치게 되면 하나의 토픽으로서의 지식뿐 아니라 지식을 처리할 수 있는 능력을 동시에 가르치는 것이라고 본다. 이것은 다시 말하면 교육 내용이라는 것이 명제적 지식뿐 아니라 그러한 지식을 처리할 수 있는 지적 기능이 통합되어 있는 것임을 가정하는 것이다.

　교육 내용을 이와 같이 명제적 지식과 지적 기능이 통합되어 있는 것으로 규정하는 접근 방식은, 현재 전 세계적으로 진행되고 있는 여러 교육개혁 운동들이 기본적으로 가정하는 접근 방식이라고 할 수 있다. 맥네일(McNeil, 1996)은, 1960년대 시작된 학문 중심 교육과정이 1990년대 들어 새롭게 재조명되고 있음을 지적한다. 즉 과거의 학문 중심 교육과정에 가해졌던 몇 가지 비판점을 개선하면서, 오늘날 학문 중심 교육과정이 오히려 더 적극적으로 강조되고 있음을 주장하였다. 맥네일에 의하면, 이것은 과거의 학문 중심 교육과정이 새롭게 재조명되어 학교 교과의 내용 선정과 조직에 반영되고 있음을 의미하는 것이다. 그의 이러한 주장에 따르면, 명제적 지식과 지적 기능과의 통합성을 강조하는 접근 방식은 현재 매우 큰 영향력을 행사하고 있다고 볼 수 있다.

　1980년대 후반 이후 미국을 중심으로 일어나고 있는 교육개혁 동향을 대표하는 기준 운동(Standards Movement) 역시 교육 내용을 명제적 지식과 지적 기능이 통합되어 있는 것으로 가정한다고 볼 수 있다. 기준 운동이란 용어는 1983년 『위기에 처한 국가』(Nation at Risk)라는 보고서가 발표된 이후, 1989년 NCTM의 수학과 기준 발표를 기점으로 하여 전 교과에 걸쳐 급속도로 확산되었다. 이 보고서를 계기로 당시 대통령과 교육 관련자들은 2000년대까지 미국 학교가 도달해야 되는 6개의 교육목표를 설정하였으며, 각 교과의 교육학회와 교사협의회 등에서의 교육 내용에 대한 논의가 활성화되어 각 교과의 '기준'을 만드는 발단이 되었다.

　기준이란 흔히 '절대평가'로 번역되는 '준거참조평가'에서 사용되는 것으로, 상대적인 비교의 준거가 아닌 질에 있어서의 절대적인 준거를 말하는 것으로 사용되어 왔다(김신영, 백순근, 채선희, 1998). 교육과정에 적용되는 교육기준은 '내용 기준(content standard)'으로, 교육과정 개발자와 교과 영역 전문가들이 교과 내용에 있어 학생들이 배워야 한다고 합의하여 제시하는 기준을 말한다. 내용 기준은 단지 학생들이 목표를 달성해 가는 행동을 기술하거나 특정 조건에서의 정보와 기술을 한정하는 것이 아니다. 그것은 수업에서 무엇을 어떻게 가르쳐야 하는가에 대한 방향을 설정해 주는 것으로(Kendall, & Marzano, 2000, 26), '학생들이 알고 또 할 필요가 있는' 특정 교과에 대한 필수 핵심 지식으로서, 학교급별로 교과에 따라 반드시 알아야 할 지식과 지적 기능들로 구성된다(O'Neil, 1993).

켄달과 마르자노(Kendall & Marzano, 2000)는 내용 기준을 "지식과 기능(knowledge and skills), 사고력(ways of thinking), 학습(working), 의사소통, 논리적 사고, 그리고 학교에서 가르치고 배워야만 하는 학문으로부터 온 본질적인, 그리고 가장 중요하고 영속적인 아이디어, 개념, 쟁점, 딜레마, 지식을 포함하는 것"(1997, 61)으로 정의하고, 각 교과별로 가르쳐야 할 내용 기준으로 명제적 지식과 방법적 지식, 절차적 지식 등을 함께 제시하고 있다.

미국의 경우 1993년 54개 주 가운데 40개 주가 각 교과별 내용 기준을 개발하였으며, 현재 거의 모든 교과의 기준이 국가 수준에서 만들어져 이를 토대로 교육과정을 개정하고 있다. 우리나라 역시 미국에서의 이러한 동향을 반영하여 제6차 교육과정 이래 국가 수준에서의 절대 내용 기준을 개발하려는 노력을 기울이고 있다(최석진 외, 1994). 교육 내용의 절대 기준을 규정하고자 하는 이와 같은 움직임은 각 학문의 기본 개념과 원리 및 지적 기능들을 그것에 고유한 방법에 따라 가르치는 것을 학교에서 가르쳐야 하는 '최선의 내용'으로 규정하려는 것으로, 이것은 곧 이 운동이 교육 내용을 명제적 지식과 지적 기능이 통합되어 있는 것으로 가정하고 있음을 의미한다.

기준 운동과 연계되어 진행되고 있는 수행 평가 역시 명제적 지식과 지적 기능과의 통합성을 가정한다. 현재 교육개혁 운동의 하나로 진행되고 있는 수행 평가는 단지 시험 상황이 아닌 실제 상황에서 학생들이 나타내 보이는 것을 평가하는 의미로 국한되지 않는다. 현재 추진되는 수행 평가는 교육방법적인 측면뿐 아니라 수행을 통해 재고자 하는 것을 명확히 규명하려는 교육 내용적인 측면과도 관련된다(김경자, 1999). 즉 현재의 수행 평가는 수행을 통해 재고자 하는 것을 학생들이 실제로 나타내 보이는가에 초점을 두고 있는데, 이것은 수행 평가가 교육 내용을 어떤 식으로든지 규정하고 있음을 의미한다.

윌레이와 헤르텔(Wiley and Haertel, 1996, 김경자, 1999에서 재인용)은 수행평가에 대한 정의를 내리기에 앞서 수행 평가를 통해 재고자 하는 것이 능력임을 주장한다. 이들이 주장하는 능력이란 성공적으로 과제를 수행하는 개인의 특성을 말한다. 이러한 능력은 학습을 통해 습득되는 것으로, 일단 습득되면 한 과제 이상에서 성공적으로 수행할 수 있는 전이가를 갖는다. 또한 이들에 의하면, 이 능력은 명제적 지식과 방법적 지식, 그리고 동기적인 혹은 기질적인 특성으로서 과제 수행을 결정짓는 데 포함되는 것이다. 수행 평가를 통해 재야 하는 능력을 이와 같이 정의내리는 것은, 교육 내용이라는 것을, 단순히 명제적 지식이 아닌 명제적 지식과 지적 기능이 통합되어 있는 것으로 가정하는 것으로 볼 수 있다.

지금까지 교육 내용에 대한 다양한 접근 방식 가운데, 명제적 지
식과 지적 기능 간의 통합성을 강조하는 접근 방식이 현재 가장 영
향력 있는 접근 방식임을 살펴보았다. 다음 절에서는 이 접근 방식
에서 강조하는 교육 내용의 특징을, 학문 중심 교육과정에서 강조하
는 교육 내용의 특징을 통해 고찰해 보기로 한다. 학문 중심 교육과
정에서 강조하는 교육 내용은 단지 단편적인 사실 중심의 교육 내용
이 아니다. 이 지식은 각 교과의 기본 개념과 원리를 중심으로 여러
단편적인 사실들이 서로 관련되어 있는 지식을 말한다. 즉 사실, 개
념, 원리 등의 교육 내용이 하나의 구조를 이루는 지식을 말한다. 또
한 학문 중심 교육과정에서 강조하는 교육 내용은 그것이 탐구된 과
정을 따라 가르쳐져야 하는 것으로, 이를 위한 교육방법상의 원리로
탐구 활동을 강조한다. 다음에서는 이 두 가지 특징을 보다 구체적
으로 살펴보기로 한다.

B. 학문 중심 교육과정에서의 교육 내용의 특징

1. 교육 내용의 구조성

베르트하이머(Wertheimer, 1959, 장상호, 2000에서 재인용)는, 흔히
전체라는 것을 바라보는 관점을 'andsum'과 'transum'의 두 가지로 나
누고 있다. 'andsum'은 전체를 부분의 합으로 보는 관점으로, 전체를
W, 부분을 a, b, c, d……n이라 할 때, $W=a+b+c+d+\cdots+n$이라고

본다. 이 관점에서는 전체를 이루는 부분들은 각각 독립된 것으로 서로 간에 아무런 영향을 주지 않는다는 것을 가정한다. 반면 'transum'은 전체는 구성요소의 단순한 합과는 다른 '하나의 형태'를 취한다고 보는 관점으로, 이 형태 안에 있는 부분들은 서로 관련되어 있다고 가정한다. 따라서 이 관점에서 부분의 요소들은 그것이 어떤 다른 부분과 관련을 맺느냐에 따라 전혀 다른 의미를 갖게 된다.

베르트하이머가 구분하는 이 두 관점 중에서, 교육 내용이 구조를 이루고 있다는 주장은 후자의 'transum'의 관점을 따르는 것이라고 할 수 있다. 이 관점에 따르면, 교육 내용이 구조를 이루고 있다는 것은 교육 내용을 구성하는 여러 요소들이 서로 관련되어 하나의 전체로서의 구조를 이루고 있는 것으로 파악하는 것이다. 교육 내용이 구조를 이루고 있다는 것을 보다 잘 이해하기 위하여 구조주의에서 말하는 '구조'의 의미를 살펴보면 다음과 같다(박재문, 1998, 39-43).

구조주의에서 규정하는 구조의 첫 번째 성격은, 표면상에 나타나 눈으로 관찰할 수 있는 것이 아니라 대상의 저변에 숨겨져 있다는 것이다. 구조주의자들이 찾는 구조는 겉으로 드러난 개별적인 행동, 사건, 또는 현상이 아니라, 그 모든 것들의 이면에서 그 사건과 현상들을 조정하는 규칙이나 원리이다. 두 번째 성격은 변형이다. 변형에서 중요시해야 할 점은 두 개가 서로 다르다고 하더라도 변형규칙에 의하여 서로 관계를 맺도록 한다는 것이다. 예컨대 'The book will be read by the boy'와 'The boy will read the book'라는 두 문장은 변형규칙에 의해 하나의 심층구조로 유도된다는 특성이 있다. 구조의 세 번째 성격은 전체성이다. 구조가 전체성이 있다는 말은 요소들이 모여서 구조를 이루는 것이 아니라, 먼저 전체적인 구조가 있고 요소는 그 전체적인 구조에 비추어 의미를 가진다는 뜻이다. 네 번째 성격은 구조가 사물을 보는 수단 또는 개념적 도구라는 것이다. 사실상 이 네 번째 성격은 위의 세 가지 성격에 추가되는 또 하나의 성격이라기보다는 그 세 가지 성격에서 논리적으로 따라오는 의미를 말한 것으로 볼 수 있다. 즉 위의 세 가지 성격은 사물을 '구조적'으로 이해한다는 말의 의미를 구체적으로 밝혀주는 것이며, 이런 점에서 구조는 사물을 보는 개념적 도구가 된다고 볼 수 있다.

　구조주의에서 말하는 이러한 구조의 성격에 비추어 보았을 때, 교육 내용이 구조를 이루고 있다는 것은, 교육 내용은 그것을 구성하는 여러 요소들이 서로 관련되어 있는 하나의 전체라는 것을 의미한다. 즉 교육 내용의 구조라는 것은 교육 내용을 구성하는 여러 요소들을 관련지어 주는 일종의 틀과 같은 것으로, 이 구조에 의해 교육 내용을 구성하는 여러 요소들은 비로소 의미를 갖게 된다. 그렇다면 여기서 교육 내용을 구성하는 여러 요소들이 구조를 이루고 있다는 것은 무엇을 말하는가?

　학자들의 연구에 의하면, 교육 내용은 일반적으로 사실, 개념, 원리 등으로 나누어 볼 수 있다(Taba, 1962: Broudy, Smith and Burnett, 1964: Bloom, 1956: Banks, 1990). 사실이란, 예컨대 "서울은 한국의 수도이다", "지구는 태양의 주변을 돈다"와 같이 어떤 현상을 있는 그대로 기술한 것이나 그 현상을 증명하는 증거라고 할 수 있다. 다른 말로 특수한 사건, 대상, 사람들에 관한 정보가 경험적인 자료에 의하여 증명된 서술이라고 할 수 있다(Banks, 1990). 개념이란 어떤 특징이나 속성을 공유하는 현상에 붙인 명칭을 말한다. 즉 우리가 관찰한 것을 어떤 기준에 따라 비슷한 것끼리 분류를 하고, 거기에 이름을 붙인 것으로(Savage and Armstrong, 1996), 현상에 대한 기술을 기준에 따라 범주화한 것이라는 점에서 사실보다 상위 수준의 지식이라 할 수 있다. 원리는 개념과 개념의 관계를 보편성 있게 서술한 것이다. 예컨대, '대도시일수록 범죄가 많다'는 서술과 같이 개별적인 수많은 사건과 개념들을 관찰하여 법칙과 같이 보편성 있게 서술한 것으로, 이 점에서 가네(Gagne)는 원리를 법칙 혹은 규칙으로 표현하기도 한다. 또한 올로스키와 스미스(Orlosky and Smith, 1978)는 원리가 개념과 개념 간의 관계를 서술하고 있다는 점에서 개념군이라고 표현하기도 한다. 원리는 여러 사실과 개념을 함께 설명할 수 있다는 점에서 적용 범위가 넓은 가장 상위 수준의 지식이라고 할 수 있다.

위의 설명에 의하면, 교육 내용이 구조를 이루고 있다는 것은 교육 내용을 구성하는 사실, 개념, 원리 등의 요소들이 서로 관련되어 있다는 뜻이다. 즉 외관상 서로 무관해 보이는 여러 사실들이 개념으로 관련되며, 이 개념들은 또한 원리로 관련된다는 뜻이다. 이런 해석에 의하면, 어떤 대상에 대하여 '이해'한다는 것은 그것으로서 많은 현상들을 연관된 것으로 인식할 수 있는 개념이나 원리를 갖는다는 것을 뜻한다고 할 수 있다. 그리고 어떤 원리나 개념을 안다는 것은 그것에 의해 설명될 수 있는 여러 개념이나 사실들이 무엇인지를 아는 것이라고 할 수 있다. 말하자면 외관상으로는 무관해 보이는 특수한 상황이나 사실들이 보다 더 일반적인 것의 특수한 사례에 불과하다는 것을 아는 것이라고 할 수 있다.

이러한 해석에 의하면, 교육 내용으로서 사실을 가르치는 것은 사실 그 자체를 위해서가 아니라 어떤 개념의 특수한 사례로서 가르치는 것이 되어야 한다. 또한 교육 내용으로서 개념을 가르치는 것은 개념 그 자체를 위해서가 아니라 원리를 구성하는 하나의 요소로 가르치는 것이 되어야 하며, 단지 사전적 정의를 설명하는 것이 아닌 그 개념의 사례에 해당하는 사실들을 통해 가르치는 것이 되어야 한다. 이런 맥락에서 이영덕(1997)은 특수사실은 그것이 어떻게 교육 내용으로 취급되느냐에 따라 그 교육적 가치가 달라진다는 점을 지적한다. 즉 특수사실이 하나의 단편지식으로 가르쳐질 경우, 방대한 양의 사실들을 다 가르칠 수도 없으며, 쉽게 잊혀지고 낡은 지식이 되기 때문에 교육적 가치는 떨어지고, 따라서 다음 수준의 지식과의 관계 속에서 가르쳐져야 한다고 보았다. 이홍우(1992) 역시 같은 맥락에서 사실들은 원리와의 관련 속에서 가르쳐질 때 비로소 가치가 인정된다고 보았다. 이명희 등(2000)도 교육 내용이 고립된 개별들이어서는 의미가 없고, 다른 정보·지식과 상호 결합하여 관계를 맺으면서 하나의 체계를 이룰 때 비로소 유의미하다고 보았다.

요컨대 교육 내용이 구조를 이루고 있다는 것은 사실, 개념, 원리 수준에서의 교육 내용이 서로 관련을 맺고 있다는 것으로, 가장 상위 수준의 원리를 중심으로 외관상 무관해 보이는 사실과 개념이 서로 관련을 맺고 있다는 것을 뜻한다. 브루너는 이와 같은 관점에서 교육 내용의 성격을 파악하는 대표적인 학자라고 할 수 있다.

브루너에 의하면, 각 교과의 구조는 "서로 관련성을 가지지 않는 여러 누적되는 관찰 사실들에 어떤 질서를 부여해 주는 것"(1962, 120)으로, "하나의 아이디어에 다른 요소를 따르게 만드는 지식의 관련성"을 의미한다. 즉 교과의 구조는 서로 단절된 일련의 사실들을 관련시켜 주는 하나의 전체로서의 개념적 도구로서의 성격을 지닌다고 할 수 있다. 이러한 브루너의 주장에 의하면, 교육 내용으로서의 교과의 구조는 상위 수준의 교육 내용인 원리를 중심으로 여러 단편적인 사실들과 개념들이 서로 관련을 맺고 있는 것이라고 할 수 있다.

마찬가지로 세비지와 암스트롱(Savage and Armstrong, 1996)도 교육 내용이 구조를 이루고 있다고 파악한다. 이들은 브루너가 제안한 교과의 구조 이론에 기초하여, 가장 하위 수준의 교육 내용인 사실은 사실 그 자체만을 위해서가 아니라 개념 또는 원리와의 관련하에서 가르쳐질 때 비로소 교육 내용으로서의 가치를 가지게 된다고 주장함으로써, 교육 내용은 그것의 요소가 서로 관련된 하나의 전체로서의 구조를 이루고 있다고 본다. 이들에 의하면, 교육 내용으로서의 사실은 특정 상황과 관련되는 것으로 다른 시간, 공간, 사건으로의 전이 가치가 거의 없는, 매우 제한된 설명력을 가진다. 반면 개념과 원리는 사실보다 구체적이지는 않지만 사건을 이해하고 예측하는 힘과 함께 폭넓은 전이가를 가지는 교육 내용이다. 이 점에서 이들은 여러 단편적인 사실에 의미를 부여하는 개념과 원리를 중심으로 교육 내용을 선정할 것을 주장하였다.

장상호(2000)는 교육 내용으로서의 체계성을 학문적 지식의 조건으로 봄으로써 교육 내용이 구조를 이루고 있다고 파악한다. 앞서 살펴본 학자들이 주로 '사실적 지식'과 개념, 원리와의 관련성에 대한 설명을 통해 교육 내용이 구조를 이루고 있다는 것을 주장하는 데 반하여, 장상호는 '정보'와 '지식'에 대한 설명을 통해 이를 주장한다. 그에 의하면, 정보는 결코 교육 내용이 될 수 없다. 교육 내용은 정보의 한 부류라고 할 수는 있으나 모든 정보가 교육 내용이라고는 할 수 없다. 교육 내용이란 어떤 모양으로든지 조직된 구조성 또는 체계성을 띠며, 더구나 학문적인 지식은 그 체계성을 떠나서는 의미를 가질 수 없다.

> 어떠한 개념, 문장, 문단이건 그들은 서로 독립해서는 의미를 가질 수 없다. 우리는 고립된 개별적인 용어에 집착하는 그릇된 편집증에서 벗어나서 문장이나 명제 등을 개념적인 도식이나 구조의 틀에 비추어 파악해야 한다. 한 단어의 의미는 그에 해당하는 하나의 개념만을 뽑아내어 이해될 수는 없다. 하나의 개념을 자세하게 파고 들어가면, 불가피하게 그 개념이 소속하고 있는 전체적인 개념체계와 만나게 된다……단순한 문장들이 복잡한 사상을 나타내는 데 동원되지만 개별적인 문장의 의미는 전체 사상의 맥락 내에서만 확보될 수 있다. 정보는 그러한 개념적인 관계와 맥락적 의미의 근거가 단절된 단편적인 요소를 지칭한다(p.273).

위에 글에 나타난 것처럼, 장상호는 어떠한 개념, 문장, 문단이건 서로 독립해서는 의미를 가질 수 없다고 본다. 왜냐하면 특수한 사실들, 개념, 명제 그리고 공식의 의미는 그것을 요소로 하는 더 커다란 인식체계와의 관계를 통해 파악되는 것이며, 그것이 어떠한 맥락에서 파악되느냐에 따라 전혀 다른 의미를 갖게 되기 때문이다. 다시 말하면 전체 안에 포함되어 있는 요소의 의미는 전체의 구조와 여타의 요소 간의 관계에 의하여 의미를 가지기 때문이다. 즉 부분적인 것의 이해와 정의가 가능하려면 반드시 전체적인 원칙이나 구조가 먼저 있어야 하는데, 이 점에서 그는 교육 내용을 구성하는 요소들은 구조를 이루는 것으로 파악되어야 한다고 주장하였다.

지금까지 교육 내용은, 그것을 구성하는 요소들이 각기 독립된 의미를 지니고 있는 것이 아니라, 서로의 관련 속에서 비로소 의미를 지니는 하나의 전체로서의 구조를 이루고 있다는 것을 살펴보았다. 교육 내용이 구조를 이루기 위해서는 각 교과의 교육 내용은 그 교과의 핵심되는 개념과 원리를 중심으로 선정되어야 하며 여러 단편적인 사실들은 기본 개념과 원리를 설명하는 특수한 사례로서 선정되어야 한다. 즉 교육 내용의 구조성의 측면에서 볼 때, 각 교과의 교육 내용은 여러 단편적인 사실들과 개념들을 관련시켜 설명해주는 기본 개념과 원리들이 되어야 한다.

다음 절에서는 학문 중심 교육과정에서 강조하는 교육 내용의 두 번째 특징으로서 사실, 개념, 원리는 그 내용이 탐구된 과정을 따라 가르쳐져야 함에 대해 고찰하기로 한다. 먼저 각 교과가 기반을 둔 학문에는 고유한 탐구 방식이 있음을 고찰하고 교과의 내용은 그러한 고유한 탐구 방식에 의해 가르쳐져야 한다는 것에 대해 살펴보기로 한다.

2. 탐구 방식의 강조

슈왑(Schwab, 1978)에 의하면, 지식은 제기된 문제에 대한 해답이다. 그러므로 특정의 지식을 제대로 이해하기 위해서는 제기된 문제를 탐구하여 해답을 찾아가는 지적 활동을 이해해야 한다고 보았다. 예를 들어 그 문제의 의미가 무엇인지, 자료 수집 방법은 무엇인지, 수집된 자료는 무엇인지, 수집된 자료들을 어떻게 해석·분석했는지 등을 이해하고 이 과정에 따라 실제 문제를 탐구할 수 있을 때 비로소 특정한 하나의 지식을 이해했다고 말할 수 있다고 보았다. 슈왑

의 이러한 주장은 학문적 지식을 학습한다는 것은 그것에 특정한 탐
구 방식에 따라 학습한다는 것으로, 바꾸어 말하면, 이것은 학문은
그 분야에 독특한 특정의 탐구 방식을 가짐을 말하는 것이다.

로저스(Rogers, 1997)는 학문적 지식의 성격이 교과로 제대로 번
역되고 있는지에 대한 분석 과정에서, 학문적 지식이라는 것이 단지
명제적 지식을 말하는 것이 아니라 그 고유한 탐구 방식에 의해 가
르쳐지는 것임을 주장하였다. 그는 몇 가지 사례를 통해, 학문을 교
과로 번역하는 데에는 그 학문 분야를 특징짓는 요소가 반드시 제시
되어야 함에도 불구하고 교과가 마치 개념, 사실, 주제 등의 내용과
동일시되어 그런 교과의 내용이 나오게 된 탐구 방식 등은 제시되어
있지 않다는 것을 분석해 내었다. 이러한 분석 결과는 교육 내용이
라는 것이 단지 다른 사람들의 사고와 경험의 산물만이 아니라 그러
한 산물이 나오기까지의 탐구 방식에 의해 가르쳐지는 것임을 주장
하는 것으로, 이것은 곧 학문은 그것에 고유한 탐구 방식을 가지고
있음을 주장하는 것이다.

역사 교사들에 대한 역사학자들의 연수 프로젝트에서 가장 훌륭한
강사의 수업 방식을 분석한 세이삭스(Seixas, 1999) 역시 역사는 그
것에 고유한 탐구 방식이 있음을 주장하였다. 그에 따르면, 지식을
가르친다는 것은 '학문을 하도록 하는 것'이다. '학문을 하도록 하는
것'이란 역사를 탐구하는 방법에 따라 역사적 사실을 가르치는 것으
로, 역사 지식이 앎의 방식과 분리되어 전달된다면, 그러한 지식은
역사적 지식이 아니며 또한 역사라는 학문을 하는 것도 아니다. 좋
은 역사 수업이란 합법적인 역사적 설명을 구성하는 과정을 드러냄
으로써 학생들이 비판적 탐구의 과정을 통해 과거를 스스로 이해할

수 있도록 하는 것이라는 그의 주장은, 역사에는 그것에 고유한 탐구 방식이 있으며 역사적 개념이나 원리는 그것에 고유한 탐구 방식에 의해 가르쳐야 한다는 것을 강조하는 것이라고 볼 수 있다.

마찬가지로 오우크쇼트(1991)도 학문은 그것에 고유한 탐구 방식을 가진다고 주장하였다. 그는, 모든 활동은 그것이 수행된 고유한 방식이 있기 때문에 이 방식을 알아야 비로소 합리적 행위를 할 수 있다고 보았다. 즉 합리적 행위란 참여하려는 활동의 수행 방식을 알고 그것에 충실하게 행하는 것을 의미하는 것으로, 이런 점에 비추어 볼 때 합리적 과학자란 과학적 탐구 전통에 충실한 사람을 뜻하고, 비합리적 과학자란 어떻게 과학적 탐구를 해야 하는지를 모르는 사람을 뜻한다고 볼 수 있다. 합리적 과학자는 과학적 탐구 전통에 충실한 사람이라는 오우크쇼트의 이러한 주장은 학문은 그것에 고유한 탐구 방식을 가짐을 가정하는 것이다.

이상의 여러 학자들의 주장에서 볼 수 있듯이, 학문은 그것에 고유한 탐구 방식을 가지고 있음을 알 수 있다. 학문이 그것에 고유한 탐구 방식을 가진다는 점을 자연과학과 인문과학의 탐구 방식을 통해 살펴보면 다음과 같다. 슈왑(1978)에 의하면, 자연과학은 제기된 문제에 대한 해답을 제공해줄 것으로 기대되는 실험을 통하여 자료를 수집하고, 그렇게 수집된 자료를 탐구의 목적에 적합한 방식으로 해석하는 탐구 방식을 따른다. 이러한 자연과학의 탐구 방식은 근대 과학이 철학이라는 울타리에서 벗어나 분과학문으로 발전하는 과정에서 형성된 것이라 할 수 있다. 그 당시 신학은 옛날의 문헌에 나타난 것들을 믿고 따르는 방식을 취했다. 이런 상황에서 우주 안의 모든 초자연적인 것 또는 신비적인 것을 제거하고 우주 안의 모든 것을 인간의 이성으로 파악하고자 하는 움직임이 일어났는데, 베이컨의 경험론과 데카르트의 합리론은 이런 움직임의 대표적인 경향이었다. 이들이 주장하는 방법론은 경험을 통해 보편적인 법칙이나 원리를 발견할 것을 강조하는 것으로, 그 구체적인 절차로서 관찰, 실험, 조사, 계산 등을 제시한다. 즉 실험에 의해 개개의 사례를 비교하고 고찰함으로써 객관적인 자연의 일반 법칙을 찾아낼 것을 강조하는데, 이와 같이 경험적 자료 수집, 해석, 검증 방식과 같은 일련의 객관적인 절차가 바로 자연과학의 탐구 방식을 이룬다.

이에 반하여 인문과학은 해석과 이해와 같은, 자연과학과는 다른 탐구 방식을 강조한다. 예를 들어 자연과학에 대비하여 그 분야를 특징짓는 방법론을 확립하려고 한 딜타이(Dilthey)는 역사학, 정치학, 법학, 종교학, 문학, 음악, 심리학 등을 자연과학에 대비되는 학문으로 규정하고, 자연과학의 분석과 설명에 의한 방법과 대비되는 '이해의 방법'을 이들 학문의 방법적인 원리로 강조하였다. 한편 훗설(Hussurl, 이영호, 이종훈 역, 1988)은 과학적 지식을 포함한 모든 지식의 근거가 되는 생활 세계의 본질을 탐구하는 과정에서 객관적인 과학적 방법과는 구별되는 인문사회과학의 방법론으로서 현상학을 제시하였다. 현상학은 경험 현상을 전제 없이 체험되는 그대로 그 의미를 파악하고자 하는 방법론으로(최정실, 1990), 현상에 대한 서술, 그리고 생활 세계에 함께 살아가는 나와 타인과의 대화 등을 앎에 도달하는 구체적인 방법으로 강조하였다.

이와 같이 각각의 학문은 그것에 고유한 탐구 방식을 가진다고 할 수 있다. 각 학문이 고유한 탐구 방식을 가진다면, 그러한 학문에 기반을 둔 교과의 교육 내용도 고유한 탐구 방식을 가지는 것으로 파악되어야 한다. 다시 말하면 교육 내용은 그것에 고유한 탐구 방식에 의해 가르쳐져야 하는 것으로 파악되어야 한다.

이러한 교육 내용의 성격에 비추어 보았을 때, 브루너가 구체적인 수업 방법상의 원리로 탐구를 강조한 것은 매우 당연하다고 할 수 있다. 그에게 있어 '탐구'는 교육 내용으로서의 지식의 구조를 가르치는 올바른 의미가 살아나려면 당연히 따라야 할 방법상의 원리이다. 물리학자들이 공부하는 것과 동일한 내용을 가르치면서 물리학자들이 그것을 공부하는 것과 다른 방식으로 가르칠 수는 없기 때문이다.

지금까지 학문 중심 교육과정에서 강조하는 교육 내용은 하나의 구조를 이루고 있다는 것과 그렇게 구조를 이루고 있는 교육 내용은 교과에 고유한 탐구 방식에 따라 가르쳐져야 함을 살펴보았다. 다음 절에서는 이러한 교육 내용의 두 가지 특징에 비추어 보았을 때, 교과 교육과정에는 교육 내용이 어떻게 제시되어야 하는지를 살펴보기로 한다.

C. 교육 내용 제시 방식

교육과정상에 교육 내용을 제시하는 방식의 문제는 정해진 교육 내용을 어떤 방식으로 서술할 것인가 하는 단순한 표현방식의 문제만은 아니다. 이미 앞서 지적하였듯이, 교육 내용 제시 방식은 교육 내용의 성격을 무엇으로 규정하는가에 대한 관점에 따라 달라지게 된다. 여기서는 교육 내용이 하나의 구조를 이루고 있다는 것과 그렇게 구조를 이루고 있는 교육 내용은 교과에 고유한 탐구 방식에 따라 가르쳐져야 한다는 두 가지 특징을 중심으로 이러한 특징을 명료하게 제시하기 위한 방식에 대해 살펴보기로 한다.

1. 교육 내용의 구조성 제시 방식

교육 내용이 하나의 구조를 이루고 있다는 것을 명료하게 제시하기 위해서는, 먼저 구조를 이루는 각 교과의 기본 개념과 원리가 무엇인지를 명확하게 규명하는 일이 우선되어야 한다. 각 교과의 기본 개념과 원리를 기반으로 수업에서 가르쳐지는 여러 사실적 내용과 활동들이 선정되기 때문이다. 다시 말하면 여러 사실과 활동들이 단편적으로 가르쳐지지 않고 구조의 맥락 속에서 가르쳐지도록 하기 위해서는 그것들과 관련된 기본 개념과 원리를 명확히 규명하고 이를 교육과정에 제시하여야 한다.

각 교과의 교육 내용을 고찰한 많은 선행 연구들은 해당 교과의 교육과정을 주로 이러한 기본 개념 혹은 원리 수준에서 분석해 왔다. 그러나 기본 개념과 원리 모두를 포괄적으로 검토한 사례는 많지 않다. 예를 들어 경제교육 내용을 분석한 정병욱(1994), 전홍렬(1997), 정정도(1986) 등의 연구는 경제교육 내용을 기본 개념을 중심으로 분석하였다. 위의 연구들처럼 교과의 개념과 원리 중 어느 한 가지 교육 내용만을 제시하는 것은 교육 내용의 성격을 올바르게 파악한 것이 아니다. 이런 점을 고려할 때 각 교과 교육과정에 교육 내용을 명료하게 제시하기 위해서는 우선 각 교과의 기본 개념과 원리가 무엇인지를 명확하게 규명하는 일이 요청된다.

둘째, 각 교과의 기본 개념과 원리는 학교급별로, 학년별로 위계화 되어야 한다. 교육 내용으로서의 지식의 구조에 관한 핵심적 주장 가운데 하나는 학생들이 하는 일과 학자들이 하는 일이 동일한 종류 라는 것이다. 그러나 종류가 같다고 해서 수준까지 같은 것은 아니 다. 학문이란 인간이 경험하고 있는 구체적인 세계를 일반화하는 방 식으로 추상화한 것이고, 교과는 그런 추상적인 세계를 표상하는 학 문에 담긴 지식을 중심으로 선정된 것이다. 그렇기 때문에 교과에서 가르쳐야 할 지식은 아직은 일반화 또는 원리 그 자체인 상태로, 학 생들이 이해하기는 어렵다(김경자, 2000). 그러므로 각 교과의 핵심 개념과 원리들은 그 지적 성격의 동일성을 유지하면서도 학생들의 발달단계에 따라 다르게 제시되어야 한다. 브루너가 제시한 '나선형 교육과정'은 바로 이와 같이 학년에 따라 교육 내용의 폭과 넓이가 어떻게 제시되어야 하는지에 대한 대답이라고 할 수 있다.

나선형 교육과정이란, 예컨대 수, 측정, 확률 등에 대한 이해가 과 학을 공부하는 데에 필수적으로 중요하다면 단순한 수준에서나마 어 린 나이부터 가르쳐야 하며, 고학년으로 올라감에 따라 점점 더 세 련된 형태로 계속 반복적으로 가르칠 것을 강조하는 아이디어이다. 이러한 나선형 교육과정의 아이디어에 비추어 보면, 교육과정을 계 획하는 일은 모든 학교수준을 통틀어 가르쳐야 하는 개념이나 원리 를 확인하고 그것들을 각각의 학교 또는 학년 수준에 맞게 위계화하 는 일이다. 예를 들어 사회과의 경제 단원을 통하여 희소성의 개념 을 가르친다고 할 때 이 개념은 전 학년에 걸쳐 다루어지되 다음에 서와 같이 학교급별로 위계화되어 제시될 수 있다(NCSS, 1994, 41).

· 초등학교: 희소성과 선택이 우리의 경제결정에 영향을 미치는 사
례를 든다.
· 중 학 교: 경제체제가 어떻게 재화와 용역을 생산하고 분배할 것
인가에 대한 선택을 구조화하는 방식에 대한 사례를
들고 설명한다.
· 고등학교: 생산자원(인간, 자본, 기술, 그리고 자연자원)의 희소성
은 재화와 용역을 어떻게 생산하고 분배할 것인가를 결
정하는 경제체제의 발달을 요구한다는 것을 설명한다.

켄달과 마르자노(Kendall and Marzano, 2000, 497-499)는 '시장경
제에서의 가격의 개념과 수요·공급의 상호작용을 이해한다'라는 내
용을 각 학년별로 다음과 같이 위계화하였다.

· K-2: 가격이란 사람들이 재화나 용역을 살 때 지불하는 돈의 양
이다.
· 3-5: 어느 시장에서나 사기를 원하는 양과 팔기를 원하는 양을 똑
같게 만드는 가격이 있다.
· 6-8: 어떤 상품의 가격은 많은 다른 상품의 가격에 영향을 주기도
하고 받기도 한다.
· 9-12: 수요와 공급에서의 변화는 상대가격을 비교가격으로 변화시
킨다.

각 교과의 기본 개념과 원리를 학교 또는 학년 수준으로 위계화하
여 제시하는 나선형 교육과정의 아이디어는 교사들에게 수업에서 가
르치는 지식을 어떤 관점에서 가르쳐야 하는지에 대해 시사점을 제
공한다. 교사가 수업에서 가르치는 지식은 전 학교 수준을 통틀어
가르쳐야 할 기본 개념과 원리가 특정 수준에 맞게 위계화된 것이다.

교사가 수업에서 그 지식을 올바르게 가르치기 위해서는 그 지식이 가장 완벽하게 발전된 상태에서는 어떤 형태를 취하는지를 알아야 한다. 교사가 하는 일은 학생들로 하여금 그런 상태로 나아가도록 하는 일이며, 따라서 만약 그 상태가 어떤 상태인지를 모르면, 교사는 학생들의 사고를 어떤 방향으로 이끌어야 할지 모르게 되기 때문이다. 그러므로 교사는 해당 학년에 맞게 위계화된 내용을 가르치지만 궁극적으로 그 내용이 가장 발전된 상태로 나아가도록 서로 관련시키면서 가르쳐야 하는 것이다. 이러한 나선형 교육과정의 아이디어에 따른다면, 교육과정에는 각 학교 또는 학년별로 위계화된 개념과 원리뿐 아니라 그 지식이 가장 발전된 상태인 가장 상위 수준의 원리가 함께 제시되어야 한다.

셋째, 각 교과별로 규명된 기본 개념과 원리가 어떤 구체적인 사실들을 통해 학습하게 되는지를 명확하게 제시하여야 한다. 이미 앞서 언급하였듯이, 개념과 원리를 가르친다는 것은 단지 사전적인 정의를 설명하는 것이 아니다(Savage and Armstrong, 1996). 개념을 가르친다는 것은 예컨대 개념에 해당하는 사례와 그렇지 않은 사례를 구분하도록 하거나, 개념에 해당하는 사례들의 공통적인 특징을 찾아보도록 하면서, 혹은 여러 사례들을 범주화하도록 하면서 가르치는 것을 말한다. 원리를 가르친다는 것은 여러 특수한 사실이나 개념을 적절한 범주로 조직하도록 하거나 범주 내의 자료들을 비교하고 그들 간의 관련성을 설명하면서, 혹은 비슷한 상황에 적용할 수 있는 진술문을 학생들이 직접 만들어 보게 하면서 가르치는 것을 말한다. 개념과 원리를 가르친다는 것의 의미에 대한 이러한 설명은 개념과 원리를 가르치기 위해서는 여러 단편적인 사실과 개념을 중

요한 교육 내용으로 가르쳐야 한다는 의미로, 바로 이 점에서 교육
과정에는 사실, 개념, 원리가 서로 어떤 관련하에서 가르쳐지게 되는
지를 체계적으로 제시하여야 한다. 다시 말하면, 각 교과의 기본 개
념과 원리 및 사실들 간의 관련성을 명료하게 제시하여야 한다.

2. 탐구 방식의 제시 방식

브루너에 의하면, 학생들이 지식의 구조를 학습하는 과정은 다음
의 세 가지이다. 먼저 학습의 첫째 과정은 지식을 획득하는 과정이
다. 여러 가지 다양한 방법을 사용하여 새로운 지식을 획득하는 과
정이다. 둘째 과정은 변형 과정으로, 획득한 지식을 새로운 문제 사
태에 들어맞도록 조직하는 과정이다. 즉 획득한 지식을 정리, 분석,
종합하는 과정으로, 획득된 상태 이상으로 그 지식을 다루는 과정을
말한다. 셋째 과정은 평가 과정이다. 즉 우리가 이끌어낸 결론이 타
당한지, 지식의 조작과정에 결함은 없는지 등의 질문을 통해 우리가
지식을 다룬 방법이 그 문제 사태에 비추어 적합한가를 검토하는 과
정이다.

브루너가 제시한 교과를 학습하는 이러한 세 가지 과정은, 한편으
로는 교과 내용을 탐구 방식에 따라 가르치기 위해 교사가 학생들에
게 제공해야 되는 학습 활동이라고도 할 수 있으며, 또 다른 한편으
로는 이러한 학습 활동을 통해 각 교과에서 학습하게 되는 지적 기
능과 관련된다고도 볼 수 있다. 즉 이 세 가지 과정은 학생들이 지
식의 구조를 발견하기 위해 거쳐야 하는 학습 활동이라고도 볼 수

있으며, 또한 각각의 활동을 거치게 되면서 획득하게 되는 지적 기능이라고도 볼 수 있다. 이러한 해석에 의하면 교과 내용을 가르치기 위해 따라야 할 탐구 방식을 명료하게 제시하는 방식은 각 교과에서 가르치고자 하는 기능이 무엇인지를 명료하게 규명하고 그 기능과 관련된 구체적인 학습 활동을 내용, 즉 사실, 개념, 원리 등의 명제적 지식과 함께 제시하는 것이다. 즉 가르치고자 하는 명제적 지식을 기능과 관련된 구체적인 학습 활동과 함께 제시하는 것이다.

각 교과에서 가르치고자 하는 내용을 기능과 관련된 구체적인 학습 활동과 함께 제시하는 방식은 타일러(Tyler, 1949, 이해명 역, 1994)가 교육 내용 제시 방식으로 제안한 '내용+행동'의 제시 방식과는 다르다. 그가 제안한 '내용+행동'의 제시 방식은 목표 중심의 교육과정 개발 이론에 토대를 둔 것으로, 어떤 내용을 학습한 결과가 무엇인지를 명확히 평가할 수 있는 형태로 제시하는 방식이다. 즉 이 방식은 내용을 학습함으로써 학생들에게 어떤 행동의 변화를 일으키고자 하는 것인가를 명료히 제시하는 방식으로 학습의 결과, 다시 말하면 목표를 달성했다는 것을 외현적으로 관찰 가능한, 평가할 수 행동으로 제시하는 것이다. 이 점에서 타일러가 제안한 '내용+행동'의 제시 방식은 '성취기준' 중심의 내용 제시 방식에서의 '수행기준'과 같은 성질의 것이라고 할 수 있다.

'성취기준' 중심의 내용 제시 방식은 기존의 교육과정상의 교육목표와 교육 내용이 일반적인 목표 또는 내용으로 진술되어 있어 구체적인 평가 상황에서 실질적인 기준 역할을 하지 못한다는 문제의식에서 제안된 방식이다. 예컨대 고등학교 국어 교육과정 말하기 영역에는 '말하기의 특성'이 제시되어 있는데, 교사의 입장에서 보면 이

'말하기의 특성'이라는 내용에서 무엇을 가르쳐야 할지 알 수 없다는 것이다(백순근, 1998). 따라서 교육과정에는 학습자가 학습장면에서 최종적으로 습득해야 할 바람직한 지적 상태 또는 학습성취를 중심으로 제시하여야 한다는 것이 '성취기준' 중심의 내용 제시 방식의 기본 가정이다(최성욱, 1995). 이와 같이 '성취기준' 중심의 내용 제시 방식은 각 교과에서 가르쳐야 할 교육 내용들을 평가 기준과 관련하여 구체적으로 상세화하여 제시하는 방식이라는 점에서 외현적으로 평가 가능한 능력 중심으로 내용을 제시하는 '내용+행동'의 제시 방식과 같은 맥락의 것이라 할 수 있다.

이에 반하여 가르치고자 하는 내용을 기능과 관련된 구체적인 학습 활동과 함께 제시하는 방식은 평가 가능한 활동 또는 외현적으로 관찰 가능한 활동으로 한정하여 제시하는 것이 아니다. 이 방식은 교육 내용을 어떤 활동에 의해 스스로 탐구하도록 할 것인가를 제시하는 방식으로, 평가보다는 교수·학습 과정에서의 구체적인 지침으로서의 역할을 하도록 하는 제시 방식이라고 할 수 있다. 각 교과에서 가르치고자 하는 내용을 기능과 관련된 수업에서의 구체적인 학습 활동과 함께 제시하는 이러한 방식은 김재형과 최용규(1996)가 제안한 '내용 관련 방식'과 같은 성질의 것이라 할 수 있다. 이들이 제안한 '내용 관련 방식'은 사회과에서 강조하는 내용과 지적 기능을 학습하기 위하여 구체적으로 어떤 학습 내용을 어떤 학습 활동에 의해 가르칠 것인가를 함께 제시하는 방식이다.

    A: 고장 사람들은 생활에 필요한 물건을 생산하고 판매하기 위하여 다른 고장과의 관계 속에서 여러 가지로 노력하고 있는 모습을 설명할 수 있다.

B1: 고장 사람들의 물자 생산 활동과 물자의 유통, 판매 흐름을 조사할 수 있다.

B2: 고장 사람들의 물자 생산과 유통에 따른 고장 간의 상호 의존 정도를 짐작할 수 있다.

B3: 시장과 상점을 이용할 때, 상도덕을 지켜 바른 소비생활을 할 수 있다(p.51).

위에서 A는 명제적 지식으로서의 경제교육의 원리를 제시한 것이다. 아래의 B1, B2, B3은 경제교육에서 가르치고자 하는 지적 기능을 A와 관련된 구체적인 학습 내용과 활동으로 제시한 것이다. 즉 B1은 우리 고장과 여러 고장과의 상호 의존 관계 및 정보 수집 및 활용 기능을 학습하기 위하여 수업에서 고장 사람들의 물자 생산 활동과 물자의 유통, 판매 흐름과 같은 학습 내용을 조사하여 정보를 수집하는 활동을 하게 된다는 것을 제시한 것이다. B2는 우리 고장과 여러 고장과의 상호 의존 관계 및 문제 해결 및 사고 기능을 학습하기 위하여 고장에서의 물건의 생산과 유통에 관한 여러 자료를 근거로 이 두 현상 간의 관계를 유추해 보는 활동을 하게 된다는 것을 제시한 것이다. 이와 같이 각 교과에서 가르치고자 하는 내용을 구체적인 학습 활동과 함께 제시하는 것은, 명제적 지식과 지적 기능이 통합되어 있는 교육 내용을 학생들에게 가르치기 위하여 실제 수업에서 어떤 학습 활동을 통해 스스로 탐구하도록 할 것인가에 대한 구체적인 지침을 제공해 줄 수 있는 방식이라고 할 수 있다.

지금까지 교육과정에 교육 내용을 명료하게 제시하기 위한 방식으로, 교육 내용의 구조성을 명료하게 제시하는 방식과 교육 내용을 가르치기 위해 따라야 할 탐구 방식을 명료하게 제시하는 방식을 살펴보았다. 먼저 교육 내용의 구조성을 명료하게 제시하는 방식으로는 각 교과의 기본 개념과 원리를 명확하게 규명하고 각 학년별로 이들 교육 내용을 위계화할 것, 여러 사실, 개념, 원리가 어떤 관련 속에서 가르쳐지게 되는지를 체계적으로 제시할 것 등을 제안하였다. 그리고 탐구 방식을 명료하게 제시하는 방식으로는 각 교과의 내용을 기능과 관련된 구체적인 학습 활동과 함께 제시할 것을 제안하였다.

Ⅲ. 초등학교 3·4학년 경제교육 개념과
　　원리 및 수업에서의 학습 활동

 3차에서부터 7차 교육과정에 이르기까지의 그동안의 우리나라 사회과 교육과정, 교육과정 해설서 및 교사용 지도서에 경제교육 내용이 명료하게 제시되어 있는지를 분석하기 위한 이론적 작업으로서, 여기서는 초등학교 3·4학년에서 가르쳐야 할 경제교육 내용과 그러한 내용을 가르치기 위해 수업에서 제공하여야 하는 학습 활동이 무엇인지를 분석하였다. 제3, 4, 5, 6, 7차 초등학교 3·4학년 사회과 교과서, 사회과 교육과정, 교육과정 해설서, 그리고 교사용 지도서가 주요 분석 대상으로 사용되었으며, 각각의 내용 분석틀은 3차에서부터 7차에 이르는 교육과정과 교육과정 해설서, 교사용 지도서에 제시된 개념, 원리, 학습 활동을 구체적으로 서술하는 방식으로 구성되었다.

A. 초등학교 사회과 및 경제교육의 성격과 목적

1. 사회과의 성격과 목적

오늘날 초등학교에서의 경제교육은 사회과를 통해 이루어진다. 이와 같이 경제학을 비롯한 역사, 지리, 정치학 등의 사회과학 과목을 통합한 사회과라는 교과목의 이름과 형태가 처음 나타난 것은 20세기 초 미국에서이다. 그전까지는 역사, 지리, 정치, 법률, 경제 등이 각각 독립된 교과목으로 교수되어 오다가 1910년대에 이르러 '미국시민의 형성'이라는 목표하에 역사와 지리를 통합하여 가르치기 시작하였다. 그 후 사회과는 관점의 변화에 따라 그 성격을 몇 번 바꾸어 왔는데, 대략 크게 다음과 같은 두 가지 관점으로 요약할 수 있다. 첫 번째는 사회과를 사회과학의 지식을 습득하는 교과로 받아들이는 관점이다. 즉 사회과의 성격을 여러 사회과학 분야에서 도출된 개념 및 일반화를 주요 내용으로 가르치는 교과로 보는 관점이다.

그 후 이 관점은 합리적 의사 결정 능력을 주요 내용으로 가르쳐야 한다는 관점으로 대치되었다. 학생들이 민주 사회의 시민으로서 직면하게 되는 매일 매일의 상황은 정치, 경제, 사회, 문화, 역사, 지리 등의 여러 영역과 관련된 문제들이 동시에 일어나는 상황으로, 이러한 상황을 잘 이해하고 대응해 나가기 위해서는 합리적 의사 결정 능력을 학생들에게 길러주는 것이 무엇보다 필요하다는 주장이 매우 설득력 있게 받아들여졌기 때문이다. 현재까지 이 대안적 관점은 여러 학자들에 의해 꾸준히 강조되고 있다. 뱅크스(Banks, 1990)는 사회과는 학생들이 사회·국가·세계 속에서 시민 생활에 필요한 지식, 기능, 가치·태도를 발달시키도록 돕는 데 1차적인 책임을 갖는 교과라고 정의하면서, 현명한 의사 결정력의 함양이 사회과 교육에서 가장 중요한 목표가 되어야 한다고 주장하였다. 뱅크스가 합리적인 의사 결정 능력의 신장을 사회과 교육의 중요한 목적으로 보는 이유는 다음과 같다(29).

첫째, 현대 사회의 급속한 기술공학적 변화는 개인들로 하여금 엄청난 혼란을 야기하고 그 변화를 극복할 수 있는 능력을 요구하고 있다. 따라서 미래의 시민들은 급변하는 세계 속에서 효과적으로 행동할 능력을 개발해야 하는데 그런 능력은 건전하고 합리적인 결정을 하는 데 필요한 기능들을 습득함으로써 개발될 수 있기 때문이다.

둘째, 학생이나 주부, 노동자, 사업가, 정치인 등의 모든 시민들은 그들의 생활과 지역사회, 국가, 세계에 영향을 주는 개인적·사회적 결정들을 매일 내려야 하지만, 시민으로서의 합리적 결정 능력은 선천적으로 지니고 있는 것이 아니기 때문이다.

셋째, 사회과는 역사나 어떤 사회과학의 지식을 다루든 간에 인간관계를 다루는 교과이기 때문에, 그리고 다른 교과들은 개인적이고 사회적인 문제에 관한 의사 결정을 그 교과의 목표로 하고 있지 않기 때문이다. 이러한 이유에서 뱅크스는 사회과의 주요 목표를 민주 시민으로서 합리적인 의사 결정을 내릴 수 있는 능력을 증진시키는 것으로 보았다.

마찬가지로 미국 NCSS(National Council for the Social Studies, 1994, vii)는 사회과학의 주요 목적을 "상호 의존적인 세계에서 문화적으로 다양한 민주 사회의 시민으로서 공동선을 위한 합리적 결정을 내릴 수 있는 능력을 개발시켜 주는 것"이라고 보았다.

사회과를 최초로 성립시킨 미국에서 최근까지 사회과의 본질을 민주 시민으로서 갖추어야 하는 합리적인 의사 결정 능력의 배양으로 강조해온 데 반하여, 우리나라는 6차 교육과정에서 비로소 사회과의 성격을 구체적으로 밝히고 있다. 6차 교육과정에 의하면, 사회과는 사회 현상을 올바르게 이해시키고, 사회 지식 습득 및 사회생활에 필요한 기능을 익히게 하며, 민주 사회 구성원에게 요청되는 가치와 태도를 지니게 함으로써 민주 시민의 자질인 합리적인 의사 결정 능력을 육성하는 교과로 규정되어 있다(교육부, 1992a).

사회과의 중요한 목적인 의사 결정이란 일반적으로, "심사숙고한 후에 도달된 결론"(Griffiths, 1959, 75) 또는 "결정에 도달하는 과정으로서 일회적인 사건이 아니고 연속적이고 역동적인 과정"(Livingstone, 1953, 659)을 말한다. 이렇게 볼 때 의사 결정은 결정 자체를 의미할 뿐 아니라 결정을 실행하는 데 필요한 행위까지를 뜻하며, 의사 결정의 과정에는 여러 가지 대안적인 방안들에 대한 고려와 그중에서 최선의 것을 선택해 내는 구체적인 지적 기능들이 함께 작용하게 된다. 예를 들어 윌콕스(Wilcox)(성일제 외, 1989에서 재인용)는 합리적인 의사 결정에 필요한 지적 기능으로, 문제 상황의 분석, 결정할 문제의 설명, 관련 정보의 수집 및 종합, 고려해야 할 우선순위의 결정, 잠정적 해결안 구성, 해결안 제 검토 등을 들었다. 웨일즈와 나디(Wales and Nardi)(성일제 외, 1989에서 재인용)는 문제 확인하기, 목표 진술하기, 상황의 구성 요소들에 대한 정보 수집하기, 이 정보를 상황의 뚜렷한 특성, 즉 무엇이 진실이고 거짓이며 무엇이 변할 수 있는가를 나타나도록 조직하기, 각 대안을 그것의 장애 요인과 그것이 가정하는 것, 그리고 그것이 비추어질 준거에 따라 자세히 조사하기, 고려되어야 할 요인들과 그 각각이 어떻게 변할 수 있는지 분석하기, 위의 정보를 대안으로 수행하기 위한 하나의 정보로 종합하기, 계획된 대안을 목표, 다른 준거, 어떤 예정된 긍정적·부정적 결과의 견지에서 평가하기 등을 합리적인 의사 결정에 필요한 지적 기능으로 들었다.

의사 결정 과정에 이와 같은 지적 기능이 포함된다는 위의 설명들은, 민주 시민으로서의 합리적 의사 결정 능력을 중요한 교육의 목적으로 하는 사회과는 사회과학적 개념이나 원리뿐만 아니라 그런 지식들을 적용하여 문제를 해결하는 지적 기능을 강조하는 교과임을 시사한다. 이런 맥락에서 세비지와 암스트롱(Savage and Armstrong, 1996)은 민주 시민의 자질 함양을 위하여 사회과학적 개념과 원리, 그리고 사회과의 지적 기능으로서 반성적 사고 및 문제 해결 능력 등의 지적 기능을 주요 교육 내용으로 강조하였다. 즉 그들은 훌륭한 시민에게 기대되는 합리적인 결정을 내릴 수 있는 능력은 엄격한 지식의 토대 위에 있다고 보고, 사회과학을 이루는 여러 교과로부터의 개념과 원리 등이 중요한 교육 내용이 되어야 한다고 주장하였다. 또한 이들은 민주 시민으로서 개인이 내리는 결정은 자신의 삶뿐 아니라 다른 사람의 삶에도 영향을 미치기 때문에 민주 시민으로서 합리적인 결정을 내리기 위한 반성적 사고와 문제 해결 능력 등도 사회과에서 강조하여야 한다고 주장하였다.

요약하면, 사회과는 민주 시민으로서의 합리적 의사 결정 능력을 함양시키는 것을 주된 목표로 하는 교과로, 이를 위하여 여러 사회과학 분야의 기본 개념과 원리, 그리고 이 개념과 원리를 탐구하고 실생활 문제에 적용하기 위한 지적 기능을 강조하는 교과라고 볼 수 있다.

2. 경제교육의 성격과 목적

사회과 교육이 민주시민의 양성을 목표로 한다고 할 때, 사회과 내에서의 경제 교육 역시 그러한 교육목표를 근간으로 한다고 할 수 있다. 우리가 일상생활에서 부딪치는 사회 현상 중 많은 부분이 경제문제와 관련된 것으로, 올바른 경제교육은 사회과의 중요한 분야라고 할 수 있다(전숙자, 1987). 특히 현대 사회에서는 거의 모든 정부의 정책이 경제문제와 관련을 맺고 있기 때문에 민주 시민으로서 정책에 대한 자신의 의사 표시를 하기 위해서는 경제교육은 반드시 필요하며, 개인의 관점에서도 합리적인 경제활동을 영위하기 위해서는 경제 교육이 대단히 중요하다고 할 수 있다.

바나스쟈크(Banaszak, 1991)는 경제교육은 시민이 그 내용을 쉽게 사용할 수 있도록 가르쳐야 하며, 단순히 경제적 지식보다는 경제현상을 추론하고 탐구하는 과정을 가르치는 데 중점을 두어야 한다고 강조하였다. 시메스(Symmes, 임천순 역, 1987)는 학교 경제교육의 목표는 학생들이 학교를 졸업하게 될 때 사회 구성원으로서 그들이 접하게 되는 주요 경제문제를 이해하고 이에 관한 합리적 판단을 내릴 수 있는 능력 개발에 두어야 한다고 주장하였다.

미국 경제교육연합회(NCEE)(A. F. Suglia, 1986)는 경제교육의 일반적인 목표를 학생들이 사회적, 개인적 경제문제를 이해하고, 경제개념과 정통한 접근방법을 활용하여 특정 경제문제에 대한 합리적인 의사 결정을 내릴 수 있는 능력을 기르는 데 두었다. 이러한 목표와 관련하여 미국 경제교육연합회의 중요한 합의사항들을 살펴보면 다음과 같다.

① 경제 관련 개념에 대한 이해가 사실적 지식을 가르치는 것보다 더 중요하다.

② 학교 수업은 학생들이 경제학적 기본 개념과 그들 간의 내적 관계를 이해할 수 있도록 돕는 것이어야 한다.

③ 학생들이 경제학적 개념, 지식 등을 조직할 수 있도록 가르쳐야 하며, 또한 그들은 체계적이고 객관적인 분석을 강조하는 사고능력을 기를 수 있어야 한다.

④ 개인적으로나 국가적으로 경제교육의 진정한 목적은 개인들이 직면하는 다양한 경제문제 앞에서 그들이 배운 경제학적 지식을 응용하는 능력을 갖추도록 하는 일이 되어야 할 것이다.(p.19).

NCEE가 경제교육의 목표와 관련하여 제시하고 있는 여러 합의사항들을 살펴보면, 경제문제에 대한 합리적인 의사 결정 능력을 기르는 것을 목적으로 하는 경제교육에서 강조되어야 할 교육 내용은 경제 관련 개념과 이들 개념들 간의 내적 관계를 설명하는 원리, 그리고 경제학적 지식을 조직하고 응용하는 능력임을 알 수 있다.

NCEE에서 강조하는 경제교육의 목적은 국내 학자들의 논의에서도 찾아볼 수 있다. 조도근(1992)은, 초·중·고등학교에서의 경제교육은 학문 자체를 익히고 배우는 데 근본 목적이 있는 것이 아니라, 경제 현상에 대한 가장 기본적인 원리와 그 상호 관련성을 깨닫고, 그 위에서 유능한 민주 시민의 자질을 양성하여 사회발전에 이바지할 수 있는 능력을 키우는 데 있다고 보고 학교 경제교육의 목표를 다음과 같이 제시하였다. 첫째, 경제 현상들을 지배하는 기본 원리를 습득하는 것이다. 둘째, 일상생활에서의 경제문제의 합리적인 의사 결정 능력을 배양하는 것이다. 지식은 단순한 지식 자체만으로는 무의미하다. 어떤 문제에 적용될 때 비로소 의미를 가지게 된다. 따라서 경제 교육은 끊임없이 변화하는 새로운 사태에 당면하여 사회과학적 지식을 적용하여 문제를 해결할 수 있는 능력을 배양하도록 하여야 한다. 셋째, 경제 발전에 참여하여 복지 사회 건설에 기여토록 하는 것이다. 조도근이 제시하는 이와 같은 세 가지 경제교육의 목적은 곧 경제교육에서 가르쳐야 할 교육 내용이 경제 관련 개념과 원리 및 이들 지식을 적용하고 응용하는 지적 기능임을 시사한다.

같은 맥락에서 조영달(1994, 120-121)은 민주 시민으로서 갖추어야 될 경제적 의사 결정 능력을 경제교육의 중요 목적으로 보고, 이를 위한 구체적인 내용으로, 첫째 기본적인 경제 지식을 들었다. 경제 지식은 경제적 의사 결정의 모든 과정에서 기본적으로 필요한 내용이 되기 때문이다. 둘째는 경제 현상의 탐구 기능으로, 경제문제를 확인하고 이를 해결하기 위해서는 관련 지식을 수집하거나 분석·종합하는 능력이 요구되기 때문이다. 즉 문제를 파악하고 발견된 문제를 해결해 가는 과정에서 경제학자의 일반적 탐구 절차와 과정에 대한 이해·적용 능력이 필요하기 때문이다. 셋째는 경제문제 해결을 위한 의사 결정 기능으로, 의사 결정 과정에서 대안을 찾고 이를 평가하여 대안을 선택하는 능력이 필요하기 때문이다. 끝으로, 합리적인 의사 결정을 통해 시민으로서 책임을 다할 수 있는 참여를 중요한 교육 내용으로 강조하였다.

이상에서 살펴본 논의를 종합하면, 경제교육은 민주 시민으로서 갖추어야 될 합리적 의사 결정 능력을 궁극적인 목적으로 하며, 이를 위하여 기본적인 경제교육의 개념과 원리, 그리고 이들 지식을 경제문제에 적용하여 해결하는 데 요구되는 탐구 기능, 의사 결정 기능 및 참여 기능 등의 지적 기능을 강조하는 교과라고 정리해 볼 수 있다.

B. 경제교육 개념 및 원리

1. 개념

경제교육의 개념은 많은 학자들에 의해 다양하게 제시되고 있다. 먼저 JCEE가 제시하는 경제교육의 개념을 살펴보면 다음과 같다 (1986, 19).

① 기본적 경제 개념: 희소성, 기회비용과 선택, 생산성, 경제체제, 경제제도 및 경제적 유인, 교환, 화폐 및 상호 의존성

② 미시경제적 개념: 시장과 가격, 수요와 공급, 경쟁과 시장 구조, 소득분배, 시장의 실패, 정부의 역할

③ 거시경제적 개념: 국민총생산, 총공급, 총수요, 실업, 인플레이션과 디플레이션, 금융정책, 재정정책, 절대우위, 비교우위 및 무역 장벽, 환율과 국제수지, 성장과 안정의 국제적 측면

④ 측정 개념과 방법: 표, 도표와 그래프, 비율과 백분율, 변화율, 지수, 실질 가치 대 명목 가치

세비지와 암스트롱(1996, 106)은 경제학의 가장 기본적인 개념으로 희소성을 선정하였다. 인간의 욕망은 언제나 자원을 초과하고, 따라서 인간은 제한된 자원을 어떻게 분배할 것이며, 어떤 욕망을 만족시킬 것인가에 대한 의사 결정을 내려야 한다. 경제학은 바로 이 희소성의 문제 해결을 위한 의사 결정에 사용되는 학문으로, 세비지와 암스트롱은 경제적 의사 결정 능력을 위해서는 국가경제의 작용에 대한 기본적 이해와 관련된 지식이 제공되어야 한다고 보았다. 그가

제시한 경제교육의 중심 질문 및 기본 개념은 다음과 같다.

〈중심 질문〉
· 서로 다른 사회는 희소성의 문제에 어떻게 대처하는가?
· 개혁과 변화는 사람들의 요구에 어떻게 영향을 미치는가?
· 자원은 어떻게 공정하게 배분되는가?
· 사람들의 경제적 선택을 제한함에 있어 정부의 공정한 역할은 무엇인가?
· 경제체제는 기회의 평등을 제공하는가?
· 경제체제는 시간을 뛰어넘어 안정적인가, 아니면 고르지 않은 성장의 시대로 특징지어지는가?
· 대안적인 경제체제 선택의 가능한 결과는 무엇인가?
· 경제체제에 의해 제공되는 삶의 전반적인 특징은 무엇인가?

〈개념〉
희소성, 자원, 비용, 기회비용, 이익, 사유 재산, 공공 재산, 토지, 노동, 자본, 전문화, 노동 분업, 무역, 공급, 수요, 생산자, 소비자, 가격, 경쟁, 경제적 유인, 상품, 시장, 전통 경제, 계획 경제, 시장경제, 돈

위에 제시된 것을 보면, JCEE는 경제교육의 개념을 영역별로 구분하여 제시하고 있고, 세비지와 암스트롱은 기본 개념과 하위 개념을 같은 수준으로 함께 제시하고 있음을 알 수 있다. 다음에 살펴볼 뱅크스(최병모 역, 1998, 387-394에서 재인용) 역시 경제교육의 기본 개념과 하위 개념을 같은 수준으로 함께 제시하고 있다. 그는 한 학문 내의 여러 학자들 사이에는 핵심 개념에 대한 논쟁이 많기 때문에 그러한 핵심 개념을 인식할 때는 많은 어려움이 있다고 보았다. 따라서 그는 경제학의 핵심 개념을 제안하는 데 있어서 대부분의 경제학

자들이 중심 아이디어라고 간주하는 공급과 수요의 법칙, 수익 체감의 법칙을 중심으로 많은 학자들이 제시한 개념들을 고려하였다. 이런 과정을 거쳐 그는 경제교육의 개념으로 다음의 8개를 제시하였다.

희소성, 생산, 재화와 용역, 소비, 상호 의존, 분업, 교환, 소득 순환

경제교육의 개념에 대한 국내 연구로는 김일기(1998), 이명희(2000), 정병욱(1994), 전홍렬(1997) 등의 연구를 찾아볼 수 있다. 1998년 교육부 위탁 연구 과제로 수행한 김일기 등(1998)의 연구에서 제시하는 경제교육의 개념을 살펴보면 다음과 같다.

① 희소성 - 희소성, 선택 능력과 경제적 효율
② 시장 - 수요, 공급, 가격, 시장제도의 특징
③ 생산 - 분업과 전문화, 생산의 요소, 요소가격과 분배, 기업, 산업
④ 소비 - 합리적 소비, 소비함수
⑤ 화폐와 금융 - 화폐, 금융기관
⑥ 재정 - 세입과 세출
⑦ 국민소득 - 국민소득의 순환, 결정, 분배
⑧ 경제성장과 변동 - 경기변동, 경제성장, 경기대책
⑨ 국제경제 - 국제무역, 경제협력
⑩ 경제체제 - 자본주의 경제체제, 사회주의 경제체제, 혼합경제체제
⑪ 경제윤리 - 자본주의 정신, 합리성과 윤리성

위에 제시된 경제교육의 개념은 2000년 이명희 등이 수행한 『사회과 교육 목표 및 내용체계 연구 Ⅰ』의 기초 자료로 사용되기도 하였다. 이 연구에서 제안하는 경제교육의 개념을 살펴보면 김일기 등이 제안하는 개념과 거의 비슷함을 알 수 있다.

① 희소성 - 희소성, 경제적 선택, 효율성
② 시장 - 수요, 공급, 가격, 시장제도의 변천
③ 생산 - 분업과 전문화, 생산의 요소, 요소가격과 분배, 기업, 산업
④ 소비 - 합리적 소비, 소비함수
⑤ 화폐와 금융 - 화폐, 금융기관, 물가
⑥ 재정 - 세입과 세출
⑦ 국민소득 - 국민소득의 순환, 결정, 분배
⑧ 경제변동 - 경기순환, 경제성장, 경기대책
⑨ 국제경제 - 국제무역, 경제협력
⑩ 경제체제 - 자본주의 경제체제, 사회주의 경제체제, 혼합경제체제

정병욱(1994)은 루이스(Lewis)와 엘리스(Ellis), 이영기 등의 구분을 토대로 다음과 같은 12개의 개념을 제시하였다. 앞서 살펴본 김일기, 이명희 등의 연구가 제시하는 개념과의 차이점은 한국경제가 하나의 독립된 개념으로 제시되어 있는 점이다.

① 기본경제문제: 희소성, 기회비용, 생산성
② 소비: 선택
③ 생산: 이윤, 분업, 상호 의존
④ 시장: 수요, 공급, 시장, 가격
⑤ 소득분배: 분배
⑥ 국민소득: 국민총생산, 총수요, 총공급
⑦ 화폐와 금융: 인플레이션, 디플레이션, 고용, 실업, 교환, 화폐
⑧ 재정: 세입, 세출
⑨ 경제변동: 경제 성장
⑩ 경제체제: 사회주의
⑪ 국제 경제: 무역, 국제경제관계
⑫ 한국 경제

전홍렬(1997)은, 앞서의 연구들이 제시하는 소득분배와 국민소득 개념을 제외하고, 대신 직업 및 근로 개념을 추가하여 다음과 같은 10개의 기본 개념과 26개의 하위 개념을 제시하였다.

① 경제문제: 조사방법, 희소성과 선택
② 소비: 기본생활수단, 절약 및 소비지출, 저축
③ 직업 및 근로: 직업 및 근로 의식, 직업의 종류와 선택
④ 생산: 자연의 이용, 제조업, 기술 개발 및 경쟁, 노사협력, 생산 및 경제활동의 정의
⑤ 시장: 가게 및 시장, 물자의 이동, 상인의 역할과 상도덕
⑥ 경제체제: 시장경제, 자본주의와 공산주의
⑦ 화폐와 금융: 화폐의 발달과 역할, 금융기관의 종류와 기능, 저축 과 산업
⑧ 재정: 예산의 뜻, 조세
⑨ 국제경제: 무역
⑩ 경제성장: 공업 발달 과정과 경제 개발, 생활 향상과 복지사회, 국력 신장

이상에서 여러 학자들이 제시한 경제교육의 개념을 살펴보았다. 이미 앞서 설명하였듯이, JCEE는 경제교육의 기본 개념을 영역별로 구분하고 있고, 세비지와 암스트롱은 기본 개념과 하위 개념을 동시에 제시하는 등 경제교육의 개념이 매우 다양하게 제시되어 있음을 알 수 있다. 이 연구에서는 경제교육의 개념을 기본 개념과 하위 개념으로 구분하여 다음의 〈표-1〉과 같이 정리하였다.

〈표-1〉 경제교육의 개념에 대한 학자들의 구분

뱅크스	전홍렬	이명희	정병욱	김일기
희소성	경제문제	희소성	기본경제문제	희소성
소비	소비	소비	소비	소비
소득순환	직업 및 근로		소득분배	
생산, 재화와 용역	생산	생산	생산	생산
	시장	시장	시장	시장
교환, 상호 의존	경제체제	경제체제	경제체제	경제체제
		국민소득	국민소득	국민소득
	화폐와 금융	화폐와 금융	화폐와 금융	화폐와 금융
	재정	재정	재정	재정
	국제경제	국제경제	국제경제	국제경제
	경제성장	경제변동	경제변동	경제성장과 변동
			한국경제	
				경제윤리

위의 〈표-1〉에 의하면, 경제교육의 기본 개념에 대한 학자들의 의견이 비교적 일치함을 알 수 있다. 다만 용어에 있어 몇 가지 차이점을 발견할 수 있는데, '희소성'과 '기본 경제문제'의 경우 희소성의 개념이 기본 경제문제의 하위 개념에 해당된다고 보아 여기서는 기본 경제문제라는 용어를 사용하기로 한다. 또한 '교환 및 상호 의존'은 '경제체제'의 하위 개념에, '경제성장과 안정' 개념은 '경제변동' 개념의 하위 개념에 해당되는 개념이라고 보아 '경제체제'와 '경제변동'이라는 용어를 사용하기로 한다. 이러한 점을 고려하여 경제교육의 기본 개념과 하위 개념을 종합하여 제시하면 〈표-2〉와 같다.

<표-2> 경제교육의 기본 개념과 하위 개념

기본 개념	하위 개념
1. 기본 경제문제	희소성, 욕구, 자원, 선택, 기회비용
2. 소비	의식주, 가계지출, 소비, 소비자, 저축
3. 소득분배	직업, 가계소득
4. 생산	생산 요소, 생산비용, 생산자, 생산성, 재화, 용역, 협업, 분업, 전문화, 자원, 인적 자원, 자본자원,
5. 시장	가격, 수요, 공급, 수요자, 공급자, 경쟁과 시장구조, 시장경제, 시장 실패
6. 경제체제	상호 의존, 경제제도, 경제적 유인가
7. 국민소득	생산자원, 국민경제, 국민경제의 순환흐름, 국민총생산, 총 공급, 총수요
8. 화폐와 금융	화폐기능, 금융기관, 금융정책, 교환, 실업, 고용, 실업, 고용, 인플레이션, 디플레이션
9. 재정	정부의 수입과 지출, 소득세, 세금, 재산세, 판매세, 재정정책
10. 국제경제	무역, 수입, 수출, 비교우위, 무역장벽, 환율과 국제수지
11. 경제변동	경제성장, 경제안정, 자원 개발, 자본자원에의 투자, 인간자원에의 투자
12. 경제윤리	자본주의 정신, 합리성과 윤리성

다음으로는 경제교육의 기본 개념들이 초·중·고등학교 각 학년별로 어떻게 계열화되는지를 살펴보기로 한다. 경제교육의 기본 개념은 여러 하위 개념을 포함하고 있으며, 각 학년에 따라 이들 하위 개념들은 서로 다르게 계열화된다. 따라서 여기서는 기본 개념의 하위 개념들을 중심으로 이들 개념이 각 학년별로 어떻게 계열화되는지를 살펴본다. 다음은 JCEE가 1988년 두 개 학년씩 묶어 제시한

경제교육의 개념이다(Gilliard, Chair, et al., 1988, 3-12). JCEE가 제시한 개념을 살펴보면, 기본 개념과 하위 개념이 같은 수준으로 제시되어 있음을 알 수 있다.

〈표-3〉 JCEE가 제시한 학년별 경제교육의 개념

구분	학년별					
	K-1	2-3	4-5	6-7	8-10	11-12
1. 희소성	N	R	R	R	R	R
2. 기회비용, 상호 득실		N	R	R	R	R
3. 생산성		N	R	R	R	R
4. 경제체제			N	R	R	R
5. 경제제도와 경제적 유인			N	R	R	R
6. 교환, 화폐, 상호 의존	N	R	R	R	R	R
7. 시장과 가격	N	R	R	R	R	R
8. 수요와 공급		N	R	R	R	R
9. 경쟁과 시장 구조		N	R	R	R	R
10. 소득분배			N	R	R	R
11. 시장 실패		N	R		R	R
12. 정부 역할				N	R	R
13. 국민총생산				N	R	R
14. 총공급		N	R			R
15. 총수요						N
16. 실업				N	R	R
17. 인플레이션, 디플레이션					N	R
18. 금융정책			N		R	R
19. 재정정책					N	R
20. 절대, 비교우의, 무역장벽				N	R	R
21. 환율과 국제수지				N	R	R
22. 성장과 안정의 국제적 국면			N		R	R

(N: 처음 다룸, R: 심화 및 강조)

세비지와 암스트롱(Savage and Armstrong, 1996, 107-108)은 역시 경제교육의 기본 개념과 하위 개념을 같은 수준으로 구분하여 각 학년별 개념을 다음과 같이 제시하고 있다.

〈표-4〉 세비지와 암스트롱이 제시한 학년별 경제교육의 개념

경제개념	유치원	1학년	2학년	3학년	4학년	5학년	6학년	7학년	8학년
희소성	N	R	R	R	R	R	R	R	R
선택	N	R	R	R	R	R	R	R	R
재화	N	R	R	R	R	R	R	R	R
용역	N	R	R	R	R	R	R	R	R
기회비용		N	R	R	R	R	R	R	R
자원		N	R	R	R	R	R	R	R
자연 자원		N	R	R	R	R	R	R	R
인간 자원		N	R	R	R	R	R	R	R
자본 자원		N	R	R	R	R	R	R	R
물물교환		N	R	R	R	R	R	R	R
상호 의존			N	R	R	R	R	R	R
돈			N	R	R	R	R	R	R
생산자와 생산			N	R	R	R	R	R	R
소비자			N	R	R	R	R	R	R
전문화			N	R	R	R	R	R	R
노동분업				N	R	R	R	R	R
생산성				N	R	R	R	R	R
시장				N	R	R	R	R	R
가격				N	R	R	R	R	R
공적 상품				N	R	R	R	R	R
경제 체제					N	R	R	R	R
시장경제					N	R	R	R	R

경제개념	유치원	1학년	2학년	3학년	4학년	5학년	6학년	7학년	8학년
순환흐름					N	R	R	R	R
무역/교환					N	R	R	R	R
생산 요소						N	R	R	R
자본자원에서의 투자						N	R	R	R
인간자원에서의 투자						N	R	R	R
무역						N	R	R	R
수요						N	R	R	R
공급						N	R	R	R
균형가격						N	R	R	R
경쟁							N	R	R
생산비용							N	R	R
이익							N	R	R
기업가							N	R	R
유인가							N	R	R
조세							N	R	R
소득세							N	R	R
재산세							N	R	R
판매세							N	R	R
실업							N	R	R
결핍							N	R	R
과잉							N	R	R

(N: 시작, R: 심화)

 반면 정정도(1986)는 경제교육의 개념을 기본 개념과 하위 개념으로 구분하여 학년별이 아닌 학교급별로 다음과 같이 제시하고 있다.

〈표-5〉 정정도가 제시한 학년별 경제교육의 기본 개념 및 하위 개념

기본 개념	초등학교	중학교	고등학교	
			사회 Ⅰ (필수)	사회 Ⅱ (선택)
기본 경제 문제	욕구, 자원, 희소성	희소성, 경제 원칙	희소성, 경제문제	기회비용, 선택원리
소비	가계지출, 소비, 저축	수요, 수요법칙, 엥겔계수	수요 탄력성, 소비자 보호	소비 성향
소득분배	직업, 가업, 가계소득	명목 소득, 실질 소득, 분배	노·사 문제, 사회 보장 (복지)	임금 결정, 고용 문제
생산	생산 요소, 협업, 분업	기업, 공급, 공급법칙	기술 개발, 생산성, 공급 탄력성	한계 비용, 한계 생산성
시장	시장, 수요자, 공급자, 가격	가격 결정, 가격 기능	경쟁 시장, 가격 변동	독과점 시장, 시장 실패
경제체제	상호 의존, 자발적 교환, 사유 재산	경제적 유인, 시장경제, 계획 경제	자본주의, 조정 원리	정부 조정, 정부 실패
국민소득	생산 자원, 인구, 자본	부가 가치, 국민 총생산	총투자, 총수요, 총저축, 총공급, 총소비, 총고용	생산 능력, 국민 소득 변동
화폐와 금융	화폐, 화폐 기능, 금융, 금융 기관	물가, 물가지수, 금융, 금융시장	통화량, 이자율, 인플레이션,	통화 정책
재정	정부 수입, 정부 지출	예산 제도, 재정 지출,	적극 재정, 이전 지불	재정정책
국제경제	수입, 지출, 관광	국제 분업, 국제 수지, 자유 무역	비교 우위, 환율 조정, 무역 정책	국제 협력, 국제 통화, 남북 문제, 자원 문제
경제변동	자원 개발	경제 계획, 경제 성장, 경제 성장률	경제 발전, 자원과 환경	경기 변동

위에서 살펴본, 경제교육의 기본 개념을 각 학년별로 위계화하고 있는 선행 연구들에 의하면, 초등학교 3·4학년 수준에서 이미 경제교육의 기본 개념이 거의 다루어지고 있음을 알 수 있다. 그러나 기본 개념의 하위 개념에 있어서는 3·4학년에서 다루어지지 않는 개념들을 찾아볼 수 있었다. 예를 들어 JCEE의 분류에 의하면, 국민총생산, 인플레이션과 디플레이션, 실업, 정부 역할, 재정정책, 절대, 비교우위, 무역장벽, 환율과 국제수지, 경제변동 등의 하위 개념은 5학년 이상에서 다루도록 제시되어 있다. 세비지와 암스트롱의 분류에 의하면, 무역, 수요, 공급, 세금, 유인가, 실업, 과잉 등의 하위 개념들이 5학년 이상에서 다루어지도록 제시되어 있다. 이와 같이 기본 개념의 하위 개념에 있어서는 각 학년에 따라 다소 차이를 보였지만, 초등학교 3·4학년 수준에서 경제교육의 기본 개념은 단순하게라도 모두 다루어지도록 제시되어 있음을 알 수 있다.

이상에서 살펴본 여러 학자들의 구분을 종합해 볼 때, 초등학교 3·4학년에서 가르쳐야 할 경제교육의 개념을 기본 개념과 하위 개념은 다음의 〈표-6〉과 같이 선정할 수 있다. 〈표-6〉을 보면, 앞의 〈표-2〉에서 정리된 개념 중 '경제윤리'가 제외되었는데, 이 개념은 나머지 11개 개념과 다른 성질의 것이라고 할 수 있기 때문이다. 또한 11개 기본 개념의 하위 개념도 약간 수정되었는데, 예를 들어 시장 개념에서 '시장 실패', 경제체제에서 '경제적 유인가', 국민소득에서 '국민경제', '국민경제의 순환흐름', '국민총생산', '총공급', '총수요', 화폐와 금융에서 '실업', '고용', '인플레이션'과 '디플레이션', 재정에서 '세금', '재산세', '판매세', '재정정책', 그리고 국제경제에서 '환율', '무역장벽' 등의 하위 개념들은 3·4학년 수준에서는 어려운 개념으로 제외시켰다.

〈표-6〉 초등학교 3·4학년 경제교육의 기본 개념과 하위 개념

기본 개념	하위 개념
1. 기본 경제문제	희소성, 욕구, 자원, 선택, 기회비용
2. 소비	의식주, 가계지출, 소비, 소비자, 저축
3. 소득분배	직업, 가계소득
4. 생산	생산 요소, 생산비용, 생산자, 생산성, 재화, 용역, 협업, 분업, 전문화, 자원, 인간자원, 자본자원,
5. 시장	가격, 수요, 공급, 수요자, 공급자, 경쟁과 시장구조, 시장경제(※시장 실패 제외)
6. 경제체제	상호 의존, 경제제도 (※경제적 유인가 제외)
7. 국민소득	생산자원, (※국민경제, 국민경제의 순환흐름, 국민총생산, 총공급, 총수요 제외)
8. 화폐와 금융	화폐기능, 금융기관, 금융정책, 교환, 실업, 고용 (※실업, 고용, 인플레이션, 디플레이션 제외)
9. 재정	정부의 수입과 지출, 소득세 (※세금, 재산세, 판매세, 재정정책 제외)
10. 국제경제	무역, 수입, 수출, 비교우위 (※무역장벽, 환율과 국제수지 제외)
11. 경제변동	경제성장, 경제안정, 자원 개발, 자본자원에의 투자, 인간자원에의 투자

2. 원리

여기서는 경제교육의 기본 개념들을 서로 관련지어 설명하는 경제교육의 원리를 고찰해 보기로 한다. 앞서 경제교육의 기본 개념을 제시한 학자들 중 경제교육의 원리를 제시한 학자들을 중심으로 이

들이 제시한 원리를 살펴보기로 한다. 먼저 JCEE(1986)가 제시한 원리를 살펴보면 다음과 같다.

1. 가계 소득은 한정되고 재화와 용역에 대한 욕구는 무한하기 때문에 가족들의 이에 대한 욕구를 만족시키기 위해서는 많은 재화와 용역 중에서 선택을 하지 않으면 안 된다.
2. 가계 소득은 유한하기 때문에 소득의 얼마만큼을 사적인 재화와 용역 구입에 사용하며 얼마는 집단적 구입에 사용할 것인가를 선택해야 한다.
3. 욕구는 무한하고 자원은 유한하며 다양하게 사용할 수 있으므로 어떤 재화와 서비스를 생산할 것인가를 선택해야 한다.
4. 근로소득은 대부분 가계의 주요한 소득의 원천이다.
5. 가정은 이용할 수 있는 자원으로 생산되는 재화와 용역 그 이상으로 바라기 때문에 현재 있는 자원을 보다 효율적으로 사용하는 방법을 새로 발견할 필요가 있다.
6. 전문화와 분업이 심화되면 생산량이 증가하고 교환되는 재화와 서비스의 양이 증가하기 때문에 화폐제도가 필요하게 된다.

세비지와 암스트롱(Savage and Armstrong, 1996)은 1990년대부터 새롭게 재조명되고 있는 학문 중심 교육과정을 근간으로 하여 NCSS의 사회과 교육과정에 제시되어 있는 원리를 보다 구체화시켜 다음과 같은 경제교육의 원리를 제시하였다.

1. 사람들의 욕구는 무한한 반면, 자원은 희소하다. 그러므로 개인과 사회는 어떤 욕구를 만족시킬 것인지에 대한 결정을 내려야 한다.
2. 희소한 자원은 결정을 내리는 사람들의 가치에 따라 욕구를 만족시키도록 배치된다.

3. 개인이 욕구를 충족시키기 위하여 희소한 자원을 배치하려는 선택을 할 때, 그들은 다른 사람의 욕구를 충족시키는 기회를 포기한다.

4. 자원과 인구의 불평등한 분배는 무역을 경제적 복지의 필수 요소로 만든다.

5. 전문화와 분업은 경제체제의 효율성을 증진시킨다.

6. 국가의 경제 발전은 자연자원과 자본, 그리고 노동의 질과 관련된다.

7. 정부는 모든 사회의 경제적 발전에서 중요한 역할을 하지만, 그 역할은 장소에 따라 다르다.

뱅크스(Banks, 1998)는 경제교육의 개념을 중심으로 다음과 같은 원리를 제시하고 있다.

1. 사람들은 상호 의존적이며, 또한 그 의존의 정도는 증가하고 있다.

2. 한 공동체 내의 어떤 가족이나 그 구성원들은 다른 가족, 구성원들에게 의존하고 있다. 분업은 여러 가지 작업으로 생산을 분리시키는 것을 말한다.

3. 재화와 용역의 개별 생산자들은 그들의 기본적 필요를 만족시키는 데 필요한 재화와 용역을 얻기 위하여 다른 사람들과 교환한다.

4. 상호 의존이 점점 커지자 그 사회의 개인들의 적응 문제가 증가하였고 여러 조직 경영 지도와 시장 기구를 통하여 동등 의식의 필요가 증가하였다.

5. 무한한 욕망과 한정된 자원 사이의 갈등은 의사 결정의 필요성을 대두시킨다.

6. 선택은 개인의 가치 체계에 달려 있다. 그러나 가치 체계는 상당히 문화적으로 형성된 것이다. 그러므로 필요와 욕망도 문화적으로 형성된 것이다.

7. 가격은 상대적인 희소성과 재화, 용역의 자원의 필요에 대한 척도

이다.

8. 화폐는 교환 경제의 작동을 원활히 하는 제도이다.

9. 우리가 화폐를 사용한다고 해서 그것이 사라지진 않는다. 화폐는 사람들이 그것을 저장하는 한 계속 순환될 것이다.

10. 소득은 재화와 용역을 생산함으로써 벌어들인다.

11. 생산과정에 이바지한 사람들은 생산된 재화와 용역을 할당받는다.

12. 세금은 때때로 소득을 재분배하는 데 쓰인다.

13. 소비자들은 가능한 모든 방도를 고려하면서 시장경제에서 무엇을 생산할지를 결정한다. 광고와 대중 매체가 때때로 선택에 영향을 미친다.

14. 정부가 시장경제에 더 개입하게 되었다. 정부는 경쟁자이며 아울러 경제 기회의 창출자이다.

15. 만일 소비자가 적게 구매하면, 공장은 노동자를 조금 쓰게 되고 결국 실업을 초래한다.

16. 개별 가계의 안정성을 향상시키기 위하여 개인들이 사용하는 정책들은 전체 경제에 일반화시켜 볼 때 반드시 효과적이지는 않다.

17. 노동조합은 그들 구성원의 고용의 안정성을 추구한다.

18. 증가한 생산성은 새로운 재화와 용역에 대한 수요를 창조하는 휴식 시간을 늘리는 데 작용한다.

국내에서 경제교육의 원리를 포괄적으로 제시한 연구로는 김일기 등(1998)의 연구를 들 수 있는데, 이 연구에서는 경제교육의 원리를 상위 원리와 하위 원리로 나누어 다음과 같이 제시하고 있다.

1. 인간의 무한한 욕구와 제한된 자원 사이의 갈등은 어느 사회에나 존재하는 기본적인 경제문제이다.
   · 인간의 무한한 욕구에 비해 이를 충족시켜 줄 수 있는 자원은 부족하다.

· 부족한 자원을 가지고 개인적, 사회적으로 경제적 만족을 가장 크게 하도록 선택능력을 기를 때 자원의 효율적 이용과 배분은 가능하게 된다.

2. 시장은 욕구와 자원 간의 불균형을 해소하기 위한 배분체계로 인간의 경제활동의 중심이 되며, 시장에서의 교환을 통한 경제적 상호 의존성은 증대되어 왔다.

· 소득의 범위 내에서 만족을 가장 크게 하려는 개별 소비자의 욕구는 시장에서 재화와 용역에 대한 수요로 나타나며, 수요는 가격, 소득, 기호 등에 의해 결정된다.

· 이윤을 가장 크게 하려는 개별 생산자의 욕구는 시장에서 재화나 용역에 대한 공급은 가격, 생산비, 기술 등에 따라 결정된다.

· 개별 재화나 용역에 대한 가격은 시장 수요와 공급에 의해 결정되고 변동하며 개인의 모든 경제생활에 영향을 미친다.

· 경쟁과 이기심에 기초한 시장제도는 역사적으로 많은 변화를 거쳤으며, 각국은 시장제도의 문제점을 정부의 개입을 통해 해결하고 있다.

3. 생산은 생산 요소의 기술적인 결합을 통해 다양한 형태로 이루어지며, 경제규모와 생활수준에 큰 영향을 미친다.

· 고도의 분업과 전문화는 오늘날 생산체제의 특징이 되고 있다.

· 생산은 여러 자기 생산 요소의 결합으로 이루어진다.

· 생산된 재화와 용역은 그 생산에 사용된 요소의 대가인 요소소득으로 분배된다.

· 기업은 치열한 국내외 경쟁 속에서 장·단기적인 이윤을 최대로 하기 위해 합리적으로 생산 활동에 종사한다.

· 동종의 재화와 용역을 생산하는 기업들의 집합체를 산업이라 한다.

4. 소비는 인간의 다양한 욕구충족을 위해 재화와 용역을 소모하는 것으로 건전성이 요구되며, 소비수준은 주로 소득과 재산 상태에 따라 결정된다.

· 합리적 소비란 제한된 소득으로 최대한의 욕구충족을 가져오도록 재화와 용역을 구입할 때의 소비이다.

· 현재소비는 소득과 재산에 의해 결정된다.

5. 인간의 경제활동은 화폐에 의해 매개되며, 경제 주체 간 자금의 융통을 금융이라 하며, 이를 위해 금융기관이 존재한다.

· 인간의 경제활동은 화폐에 의해 매개되므로 화폐의 양과 흐름은 경제의 안정과 성장에 중요한 영향을 미친다.

· 금융은 자금의 융통을 의미하여 이를 위해 설립된 기관이다.

6. 정부의 수입과 지출을 재정이라 하며, 재정의 규모와 내용은 국민경제 전체에 영향을 미친다.

· 국가의 재정은 세입, 세출로 이루어진다.

7. 국민소득은 개별 국가의 경제규모와 생활 정도를 나타낸다.

· 국민소득은 시장을 매개로 경제부문 간 실물순환의 측면에서 파악된다.

· 국민소득은 총수요와 총공급의 요인에 의하여 결정되고 변동된다.

· 국민소득의 공정한 배분은 대부분 국가들의 주요 정책과제가 되고 있으나 그 실현에는 한계가 있다.

8. 일반적으로 시간이 지남에 따라 국가경제는 성장하나, 여러 가지 요인으로 경제가 변동한다.

· 자본주의 경제는 장·단기적으로 불황과 호황의 파동을 겪으면서 순환하며 변동한다.

· 국민경제는 장기적으로 볼 때 여러 요인에 의하여 경제규모가 지속적으로 변화 확대되고 있다.

· 오늘날의 국민경제는 경제의 안정과 성장과 관련된 많은 문제점을 안고 있으며, 경제의 급격한 변동 없이 이들 문제를 해결하기 위한 예방 조치의 필요성이 커지고 있다.

9. 오늘날 국가 간의 경제적 교류와 협력 관계는 점차 증대하고 있다.

· 세계 각국은 국제 분업과 교역을 통해 상호 이익을 얻고 있다.

· 각국은 다양한 방법의 국제협력을 통해 자국의 경제적 이익을 증진시키고자 노력하고 있다.

10. 오늘날 대부분의 국가는 자본주의와 사회주의가 통합되는 혼합 경제체제로 나아가고 있다.

· 자본주의 경제체제는 사유재산제, 영리주의, 경제적 자유 등 시장경제원리하에 개인의 경제적 창의와 능력이 중시되고 있으나 시장 실패의 문제점이 있다.

· 사회주의 경제체제는 생산수단의 국유화와 계획경제를 통해 경제적 불균형을 시정하는 데 역점을 두고 있으나 개인의 경제의지 저해와 정부 실패의 문제점이 있다.

· 자본주의 및 사회주의 체제의 문제점은 지속적으로 수정되어 왔으며, 오늘날 대부분의 국가는 혼합경제체제로 이행돼 나가고 있다.

11. 이기심과 경쟁을 기초로 하는 자본주의 체제는 구성원들의 자본주의 정신과 윤리가 투철한 경우에만 건전하게 발전될 수 있다.

· 자본주의 정신은 금욕적 합리주의 정신이며, 경제의지로 표현되기도 한다.

· 경제적 합리성은 경제적 윤리성을 내포한다. 이는 단기뿐 아니라 장기적으로 효용극대화와 이윤극대화를 통해서만 달성된다.

이상 여러 학자들이 제시한 원리들을 살펴보면, 상위 수준의 원리와 하위 수준의 원리가 서로 혼합되어 있음을 알 수 있다. 예를 들어 뱅크스와 김일기가 제시한 원리들 중 많은 것은 세비지와 암스트롱이 제시한 원리의 하위 원리에 해당한다. 즉 뱅크스가 제시한 "정부가 시장경제에 더 많이 개입하게 되었다"는 원리는 세비지와 암스트롱이 제시한 "정부는 사회의 경제 발전에서 중요한 역할을 한다"는 원리의 하위 원리에 해당한다고 할 수 있다. 그리고 김일기가 제시한 "오늘날 국가 간의 경제적 교류와 협력 관계는 점차 증대하고 있다"는 원리는 세비지와 암스트롱이 제시한 "자원과 인구의 불평등한 분배는 무역을 경제적 복지의 필수 요소로 만든다"의 하위 원리에 해당한다고 할 수 있다.

한편 세비지와 암스트롱이 제시한 "사람들의 욕구는 무한한 반면, 자원은 희소하다. 그러므로 개인과 사회는 어떤 욕구를 만족시킬 것인가에 대한 결정을 내려야 한다", "희소한 자원은 결정을 내리는 사람들의 가치에 따라 욕구를 만족시키도록 배치된다", "개인이 욕구를 충족시키기 위하여 희소한 자원을 배치하려는 선택을 할 때, 그들은 다른 사람의 욕구를 충족시키는 기회를 포기한다"는 3개의 원리는 모두 '기본 경제문제'의 '희소성'에 관한 원리로, 1번으로 제시된 원리가 상위 원리에 해당하고 나머지 2, 3번의 원리는 하위 원리에 해당한다고 볼 수 있다. 또한 "정부는 모든 사회의 경제적 발전에서 중요한 역할을 하지만, 그 역할은 장소에 따라 다르다"는 원리는 국가경제에서의 정부의 역할에 대한 원리라는 점에서 "국가의 경제 발전은 자연자원과 자본, 그리고 노동의 질과 관련된다"는 원리의 하위 원리에 해당한다고 볼 수 있다. 반면 세비지와 암스트롱이 제시한 원리 중에는 많은 학자들이 제시하고 있는 '생산', '시장'과 관련된 원리가 빠져 있음을 알 수 있다.

또한 뱅크스나 김일기가 제시한 것 중에는 '원리'라기보다는 '개념'을 설명하는 것들이 상당히 많은데, "화폐는 교환 경제의 작동을 원활히 하는 제도이다", "국민소득은 개별 국가의 경제규모와 생활 정도를 나타낸다"는 것이 바로 그런 예이다. 이런 점을 종합할 때, 초등학교 3·4학년 경제교육에서 가르쳐야 할 원리는 다음의 6개로 정리해 볼 수 있다.

1. 사람들의 욕구는 무한한 반면, 자원은 희소하다. 따라서 개인과 사회는 어떤 욕구를 만족시킬 것인지에 대한 결정을 내려야 한다.
2. 생산은 생산 요소의 기술적인 결합을 통해 다양한 형태로 이루어지며, 경제규모와 생활수준에 큰 영향을 미친다.
3. 시장은 욕구와 자원 간의 불균형을 해소하기 위한 배분체계로 인간의 경제활동의 중심이 되며, 시장에서의 교환을 통한 경제적 상호 의존성은 증대되어 왔다.
4. 여러 경제문제의 해결방법은 경제체제에 따라 달라질 수 있다.
5. 국가의 경제 발전은 자원과 자본, 그리고 노동력의 질과 관련된다.
6. 자원과 인구의 불평등한 분배는 무역을 경제적 복지의 필수 요소로 만든다.

위에 제시된 첫 번째 원리는 JCEE가 제시한 1, 2, 3번과 세비지와 암스트롱이 제시한 1, 2, 3번, 뱅크스가 제시한 5, 6번, 그리고 김일기가 제시한 1번 원리를 포괄하는 원리로 선정되었다. 두 번째 원리는 김일기가 제시한 원리로, JCEE가 제시한 5번, 세비지와 암스트롱이 제시한 5번, 그리고 뱅크스가 제시한 1, 2, 3, 10, 11, 18번 원리를 포괄하는 원리로 선정되었다. 세 번째 원리 역시 김일기가 제시한 원리로, 뱅크스가 제시한 7, 8, 9, 15번과 김일기 자신이 제시한 4, 5번을 포괄하는 원리로 선정되었다. 네 번째 원리는 세비지와 암스트롱이 제시한 7번, 뱅크스가 제시한 13, 14번, 그리고 김일기가 제시한 6, 10번의 원리를 포괄하는 원리로 선정되었다. 다섯 번째 원리는 세비지와 암스트롱이 제시한 원리로, 김일기가 제시한 7, 8번을 포괄하는 원리로 선정되었다. 끝으로 여섯 번째 원리는 세비지와 암스트롱이 제시한 것으로, 김일기가 제시한 9번 원리를 포괄하는 원리로 선정되었다.

다음으로는 위에 제시된 6개의 경제교육의 원리가 3·4학년 수준에 적합한 하위 원리로 어떻게 구체화될 수 있는지를 살펴보기로 한다. 이미 앞서 지적하였듯이, 경제교육의 원리에 대한 논의조차 다양한 상황에서 각 학년별 하위 원리를 구체화하기는 매우 어렵다. 또한 경제교육의 원리를 학년별 하위 원리로 구체화한 논의도 많이 찾아볼 수 없다. 예를 들어 NCSS의 사회과 교육과정은 경제교육의 원리를 하위 원리로 구체화하였지만, 초·중·고등학교별로 원리들이 구체화되어 있어 여기서 분석하고자 하는 3·4학년 수준의 하위 원리를 고찰하는 데는 적합하지 않다고 할 수 있다. 다만 켄달과 마르자노(2000)는 10개의 경제교육의 기본 개념과 관련된 원리를 k-2, 3-5, 6-8, 9-12의 4수준으로 비교적 상세하게 위계화하고 있는데, 이들이 제시하는 원리 중 3-5학년 수준의 원리를 예로 제시하면 다음과 같다.

1. 자원의 희소성은 기회비용을 발생시키는 선택을 요구한다.
   · 생산자원이란 재화와 용역을 생산하는 데 사용되는 모든 자연자원, 인간자원, 자본자원을 말한다.
   · 개인과 정부, 사회의 욕구를 만족시킬 만한 생산자원이 부족하기 때문에 재화와 용역은 희소하다.
   · 연방, 주, 지방정부 역시 희소성의 문제를 갖는다: 이들은 제한된 예산을 갖기 때문에 시민들이 원하는 공공 프로젝트의 비용과 비교하여야 한다.
   · 개혁은 경제적 활용 가치를 가지는 발견물을 소개하는 것이다.
   · 기업가는 사람들이 사기를 기대하는 재화와 용역을 생산하기 위

하여 자원을 사용하는 사람이다.

· 기업가는 사람들이 그들의 상품을 사지 않거나 혹은 그들이 쓴 비용만큼의 돈을 지불하지 않을 위험을 가진다.

· 생산자원이 하나의 재화와 용역을 생산할 때, 기회비용은 같은 자원으로 만들어지는 다른 재화와 용역이다.

· 선택은 일반적으로 교환을 요구한다: 사람들은 다른 것을 사거나 하기 위하여 이것을 사거나 하지 않을 수 있다.

· 경제 전문화는 사람들이 그들이 소비하는 것보다 적은 범위의 재화와 용역을 생산할 때 나타난다.

· 노동 생산성은 전문화, 노동의 분업, 그리고 도구와 기계와 같은 자본재의 결과로서 증가될 수 있다.

· 인간자원의 질은 교육, 훈련, 보건에의 투자를 통해 개선될 수 있다.

2. 서로 다른 경제체제, 경제제도, 경제적 유인의 특징

· 사람들의 선택과 행동은 긍정적 유인(예컨대 사람들을 기분 좋게 만들어주는 상)과 부정적 유인(예컨대 사람들을 기분 나쁘게 만들어주는 벌)에 의해 영향을 받는다.

· 상과 벌에 대한 사람들의 관점이 다르기 때문에, 유인의 영향은 개인에 따라 다양할 수 있다.

· 소득이익의 희망은 기업가와 회사로 하여금 재화와 용역을 생산할 때의 위험을 감수하도록 설득하는 유인이다.

· 소비자로서의 가계(개인이나 가족 단위)는 재화와 용역을 회사로부터 산다.

· 자원 소유자로서 가계는 소득을 위해 회사에 생산자원(노동, 자연자원, 자본자원, 기업자원)을 판다.

· 모든 사회는 재화와 용역을 생산하고 분배하기 위한 자원을 할당하기 위하여 다양한 경제체제를 발달시켜 왔으며, 모든 체제는 각기 장점과 단점이 있다.

3. 가격의 개념, 시장경제에서의 수요와 공급의 상호작용
   · 모든 시장에는 사려는 사람이 사고자 하는 양과 팔려는 사람이 팔려고 하는 양을 같게 만드는 하나의 가격이 있다.
   · 사람들은 가격이 올라갈 때 적게 사고 가격이 내려갈 때 많이 산다.
   · 사업은 가격이 올라갈 때 상품을 더 많이 생산하고자 하며, 가격이 내려갈 때 적게 생산하고자 한다.
   · 소비자가 돈을 지불하여 재화와 용역을 회사에서 가계로 가져올 때, 회사는 생산자원 값과 세금을 지불한다.

4. 시장 구조와 교환의 특징
   · 경쟁적 시장에는 많은 소비자와 생산자가 있지만 어느 누구도 상품의 수와 가격을 통제하지 않는다.
   · 돈은 나누고, 운반하고 저장이 쉽기 때문에 물물교환이 가지는 문제를 줄여준다.
   · 은행은 소비자에서 돈과 그 외 다른 형태의 돈을 제공하는 데 중요한 역할을 한다. 또한 은행은 저축을 하는 사람과 빌리는 사람들을 서로 연결시켜 주는 역할을 한다.
   · 사람과 국가가 전문화되면 보다 상호 의존적이 된다(즉 자급자족이 줄어들고 교환에 좀더 의존하게 된다).
   · 돈은 서로 다른 종류의 재화와 용역의 가치를 비교하는 것을 쉽게 하며, 언제든지 재화와 용역으로 쉽게 바꿀 수 있기 때문에 나중을 위하여 사람들로 하여금 구매력을 저축하도록 한다.
   · 판매자 사이의 적극적 경쟁은 낮은 가격과 비용, 양질의 상품과 서비스를 가져온다.

5. 시장경제에서의 실업, 소득, 소득분배
   · 실업자란 현재의 임금으로 기꺼이 일하고자 하고 할 수 있으나 직업이 없는 사람이다.

6. 미국경제에서 정부의 역할

· 정부는 세금과 차관을 통해 재화와 용역의 값을 지불한다.
  7. 저축, 투자, 이자율
   · 저축은 세금 혹은 소비로 쓰이지 않는 소득의 일종이다.
  8. 미국의 재정정책과 화폐정책의 개념
   · 없음
  9. GDP와 인플레이션, 디플레이션이 경제 지표를 어떻게 제공하는
     지를 이해한다.
   · 없음
  10. 국제 경제의 기본 개념
   · 서로 다른 화폐는 서로 다른 나라에서 사용된다.

위에 제시된 예는 경제교육 내용이 3-5학년 수준에서 어떤 하위 원리로 구체화될 수 있는지를 보여주는 하나의 사례이다. 앞서 살펴본 여러 학자들이 제시한 경제교육의 원리 및 하위 원리, 그리고 제7차 사회과 교육과정과 해설서 및 지도서에 제시되어 있는 경제교육의 원리 및 하위 원리를 토대로, 제7차 초등학교 3·4학년 사회과 교육과정에 제시되어 있는 경제교육 내용 영역인 생산, 시장, 국제경제 관련 원리 및 하위 원리를 구체화하면 〈표-7〉, 〈표-8〉과 같다. 이미 앞서 설명하였듯이, 이 두 표에서 보통 글자로 표시된 원리들은 제7차 사회과 교육과정과 해설서 및 지도서에 제시되어 있는 원리들이다. 이탤릭체로 표시된 원리들은 사회과 교육과정에 제시되어 있지 않지만 초등학교 3·4학년 사회과 교육과정에 제시되어야 하는 원리로 선정된 것들이다.

〈표-7〉 초등학교 3학년 경제교육의 원리 및 하위 원리

상위원리	하위원리	
1. *생산은 생산 요소의 기술적인 결합을 통해 다양한 형태로 이루어지며, 경제 규모와 생활수준에 큰 영향을 미친다.*	·산업 발달은 고장의 인문 및 자연환경과 밀접한 관련을 맺고 있다. ·*인간이 이용할 수 있는 자원은 제한되어 있다.*	·다양한 직업은 고장의 환경과 밀접한 관계를 가진다. ·지역의 사람들은 지역의 자원을 효율적으로 이용하는 생산활동을 한다. ·각국의 산업구조는 1차 산업에서 2차, 3차 산업을 거쳐 이행해 가고 있다.
2. *시장은 욕구와 자원 간의 불균형을 해소하기 위한 배분체계로 인간의 경제활동의 중심이 되며, 시장에서의 교환을 통한 경제적 상호 의존성은 증대되어 왔다.*	·시장은 물자의 유통을 통하여 고장을 하나의 통합된 생활공간으로 결합시켜 준다. ·우리 고장은 시장에서의 물자 유통을 통하여 다른 고장과 상호 의존 관계를 맺고 있다.	·*시장에서는 상품을 팔려는 사람과 상품을 사려는 사람이 만족하게 되는 가격이 결정된다.* ·시장에서는 물건이 유통되는 가운데 물건 생산자, 물건 판매자, 물건 소비자, 물건 운반자 등이 서로 관련을 맺고 있다. ·*생산된 생산물은 시장에서의 교환을 통해 소비자에게 배분된다.* ·*개별 생산자들은 그들의 기본적 필요를 만족시키기 위하여 다른 사람들과 교환한다.*

(표에서 보통 글자로 표시된 원리는 사회과 교육과정에 제시되어 있는 원리이다. 이탤릭체로 표시된 원리는 사회과 교육과정에 제시되어 있지 않은 원리이다)

〈표-8〉 초등학교 4학년 경제교육의 원리 및 하위 원리

상위원리	하위원리	
1. *생산은 생산 요소의 기술적인 결합을 통해 다양한 형태로 이루어지며, 경제 규모와 생활수준에 큰 영향을 미친다.*	· 지역 전체의 생산이 분업화되고 유통이 발달할수록 모든 사람들의 경제생활은 다른 사람과 다른 지역에 더욱 의존하면서 이루어진다. · 인간이 이용할 수 있는 자원은 제한되어 있다. · 고도의 분업과 전문화는 오늘날 생산 활동의 특징이다.	· 시·도의 주요 산업은 시·도 특유의 자원 개발 및 이용과 깊은 관계를 가진다. · 우리의 경제생활이 잘 이루어지려면 여러 직업들 간에, 또 지역 간에 협력이 필요하다. · *분업의 발달은 생산의 효율성을 높이고 경제력의 발전을 가져왔다.* · 지역 사람들은 지방자치단체와 함께 지역의 공익을 위해 노력하고 있다.
2. *시장은 욕구와 자원 간의 불균형을 해소하기 위한 배분체계로 인간의 경제활동의 중심이 되며, 시장에서의 교환을 통한 경제적 상호 의존성은 증대되어 왔다.*	· *교통·통신의 발달로 물자 유통이 활발해지면서 경제적 상호 의존성은 더욱 증가되어 왔다.* · *전문화는 생산의 능률을 높이고 전문화의 정도가 클수록 시장제도의 필요성은 커진다.*	· 물건의 생산과 유통은 지역 및 국가의 경제활동에 영향을 미친다. · 돈은 나누기 편리하고, 이동, 저축하기 쉽기 때문에 물물교환이 가지는 문제를 줄인다. · 물자 유통 단계에 따라 생산품의 가격이 달라진다.
3. *자원과 인구의 불평등한 분배는 무역을 경제적 복지의 필수 요소로 만든다.*	· 오늘날 국가 간의 경제적 교류와 협력 관계는 점차 증대하고 있다.	· 지방자치단체나 기업은 시·도의 자원을 이용한 상품을 개발하여 해외로 수출한다.

(표에서 보통 글자로 표시된 원리는 사회과 교육과정에 제시되어 있는 원리이다. 이탤릭체로 표시된 원리는 사회과 교육과정에 제시되어 있지 않은 원리이다)

C. 수업에서의 학습 활동

앞서, 교육 내용이란 명제적 지식과 지적 기능이 통합된 것으로 이러한 성격의 교육 내용을 가르치기 위해서는 그 내용에 고유한 탐구 방식에 따라 가르쳐야 한다는 것을 한다는 것을 살펴보았다. 그리고 탐구 방식을 명료하게 제시하는 방식으로 경제교육에서 강조하는 기능이 무엇인지를 명료하게 규명하고 그 기능과 관련된 구체적인 학습 활동을 사실, 개념, 원리 등의 명제적 지식과 함께 제시할 것을 살펴보았다. 이를 위해 여기서는 경제교육에서 강조되는 지적기능이 무엇인지를 우선 고찰하고, 이를 토대로 수업에서 교사들이 제공하여야 할 학습 활동을 제시하였다.

먼저 사회과 및 경제교육에서 강조하는 지적 기능에 대한 여러 학자들의 연구 결과를 살펴보면 다음과 같다. 존 패트릭(John Patrick, 1981)은 여러 나라의 사회과 교육목표를 고찰하여 경제교육을 포함하는 사회과의 지적 기능으로 다음의 두 가지를 제시하였다.

① 연구·학습 기능:
    색인을 이용하여 정보 찾기,
    정의를 사용해 정보를 분류하기,
    도표에 담긴 정보들을 이해하기,
    어떤 사상을 관찰하여 얻은 정보를 해석하기
② 탐구 및 의사 결정 기능:
    사회현상에 관한 가설을 형성하기,
    가설을 절차적으로 검증하기,
    가설의 함의를 반성적으로 따져보기

존 패트릭이 제시한 연구·학습 기능은 정보를 탐색, 이해, 조직, 해석할 수 있는 기능을 말한다. 이 지적 기능은 지식의 획득이나 그의 실제 활용에, 나아가 복잡한 탐구나 사회 문제의 해결에 필수적인 지적 기능으로 선정되었다. 탐구 및 의사 결정 기능은 사회 현실에 관한 여러 사실들을 관련시켜 가설을 형성하고 정당화할 수 있는 지적 기능을 말한다.

NCSS는 1980년 이후 세 번의 개정 작업을 거쳐 1994년 사회과에서 강조해야 할 지적 기능으로 다음과 같은 세 가지를 제시하였다.

① 정보 습득 기능:
읽기 기능(이해, 어휘, 읽기 속도)
연구 기능(정보 찾기, 사용 가능한 형태로 정보 배치)
참조 및 정보탐색 기능(도서관, 특정참고문헌, 지도, 도표, 지역사회),
전자기기에 관한 기술적 기능(전화와 TV 정보망)
② 정보조직 및 사용 기능:
사고 기능(정보 분류, 해석, 분석, 요약, 종합, 평가)
의사 결정 기능,
메타 인지 기능
③ 상호 관계 및 사회 참여 기능:
개인적 기능,
집단 상호작용 기능,
사회적, 정치적 참여 기능

NCSS가 제시한 이 세 가지 기능 중 의사 결정 기능은 1980년에는 하나의 독립된 지적 기능 영역으로 제시되어 있었으나, 1994년에는 정보 조직 및 사용 기능의 하위 유목으로 제시되어 있다. 반면 상호 관계 및 사회 참여 기능이 새로운 영역으로 추가되었는데, 이 기능은 주로 집단 구성원으로서 개인의 행동 조절하기, 집단 내에서의 문제 해결에 참여하기, 그리고 자유사회에서의 시민 정신과 관련된 사회적 책임을 인정하고 이해하기 등과 관련된 기능이다.

사회과의 지적 기능에 대한 국내의 연구를 살펴보면, 한국교육개발원은 1984년 사회과의 지적 기능 영역으로 다음의 두 가지를 제시하였는데, 이것은 앞서 살펴본 패트릭의 분류와 매우 흡사하다.

① 정보의 습득, 처리 기능:
　　문제 해결에 필요한 정보를 찾아내기
　　찾아진 정보의 의미를 해석하기
　　문제 해결에 도움되는 자료를 분석, 종합하기
② 탐구 기능:
　　문제를 바르게 인식하기
　　가설을 설정하기
　　가설 검증을 위한 증거 제시하기
　　주어진 자료와 증거에 입각한 결론 이끌어 내기

그 후 한국교육과정평가원(1997)은 제7차 사회과 교육과정 개정 작업 중에 위에 제시된 지적 기능을 다음과 같이 수정하고 각 학년별 하위 유목을 제시하였다(교육부, 1997b, 285).

① 정보의 활용 및 의사 교환 기능
　　3학년: 다른 사람과 의사소통을 원활하게 하기
　　4학년: 면담과 조사를 통하여 자료 수집하기
　　5학년: 탐구 주제와 개요에 따른 여러 가지 정보 찾아내기
　　6학년: 여러 분야의 정보를 수집하고 종합적으로 활용하기

② 문제 해결 및 사고 기능

    3학년: 문제 파악 및 해결 방법 생각하기

    4학년: 문제 해결을 위한 가설 추론 및 근거 제시하기

    5학년: 한 가지 이상의 자료에서 탐구 주제 파악하기

    추론과 증거에 의하여 문제 해결하기

    6학년: 합리적, 민주적인 절차에 의하여 문제를 해결하고 의사

        결정하기

    우리나라의 여러 문제를 상호 관련지어 생각하기

    우리나라와 세계 여러 나라를 관련지어 생각하기

③ 참여 및 공동생활 능력

    3학년: 공동 작업 및 고장의 일에 참여하기

    4학년: 문제 해결 및 의사 결정을 위한 집단 작업 및 토의에

        참여하기

    5학년: 자율적인 시민 생활과 정치, 경제, 문화 등에 관련된 여

        러 생활 문제의 협의에 참여하고 역할을 수행하기

    6학년: 민주적 생활 문제에 대한 협의에 적극 참여하여 역할

        수행하기

위에 제시된 사회과의 지적 기능은 경제교육에도 그대로 적용되고 있다. 예를 들어 김재형과 최용규(1996, 31)는 여러 학자들의 연구를 종합하여 사회과의 지적 기능을 분석해 내고 이를 경제교육에도 그대로 적용하였다. 그들이 제시한 사회과의 지적 기능과 이를 경제교육에 제시한 예는 다음과 같다.

① 정보 수집 및 활용 기능:

    정보 수집 기능

    정보의 관찰, 조사, 선택, 정리, 분류 기능

    정보의 활용, 분석, 평가, 종합, 해석 기능

　정보의 제시 기능
② 문제 해결(탐구) 기능:
　문제 해결 기능(문제의 발견 및 확인, 가설 설정, 탐색 및 증거
　제시, 문제 해결 및 결론 내리기)
　비판적 사고 기능(쟁점의 확인, 분석, 준거의 채택, 가정과 추
　론의 타당성 확인, 증거의 사용)
③ 참여 기능:
　합리적 의사 결정 기능 및 참여 기능
　민주적 결정 및 참여 기능
　상호 협동 기능
　사회참여에 필요한 지식, 기능, 작업 능력 개발
　의사소통 능력

　위에서 볼 수 있듯이, 김재형과 최용규는 사회과의 지적 기능으로
정보 수집 및 활용 기능, 문제 해결 및 탐구 기능, 참여 기능의 세
가지를 들었다. 그리고 이 각각의 지적 기능을 경제교육에 적용하였
는데, 경제교육의 여러 원리 중 두 개의 원리를 예로 들어 제시하면
다음과 같다.

　※원리: 우리나라 주요 산업의 특징을 우리의 생활 사례와 관련지어
　　　설명할 수 있다(54).
　·정보 수집 및 활용 기능: 도표, 통계, 산업 지도 등을 이용하여 우
　리나라 주요 산업의 발달과 우리의 생활 변화를 찾아낼 수 있다.
　·문제 해결 및 탐구 기능: 산업과 경제에 관한 다양한 자료를 비
　교, 분석, 종합하여 결론을 이끌어 낼 수 있다.
　·참여 기능: 산업과 경제 발전에 이바지하기 위해 합리적 소비 생
　활과 금융기관을 이용한 경제활동에 적극 참여한다.

※원리: 경제인으로서의 시민들의 생활에서 시장경제제도의 지대한
    영향을 설명할 수 있다(62).
·정보 수집 및 활용 기능: 시장경제제도의 영향에 관한 여러 정보
 와 사례를 수집하고 활용할 수 있다.
·문제 해결 및 탐구 기능: 현대의 경제 발전에 따른 오염문제, 무
 역분쟁, 자원부족문제 등을 해결하기 위한 탐구를 할 수 있다.
·참여 기능: 시민 생활에 영향을 미치는 경제문제들의 해결을 위해
 의사 결정 과정에 효율적으로 참여할 수 있다.

한편 조영달(1994, 100-102)은 『초·중·고등학교 경제교육 관련
교육과정 및 교과서 분석』에서 경제교육의 지적 기능을 다음과 같이
제시하고 있다. 그가 제시한 지적 기능을 살펴보면, 앞서 살펴본 사
회과의 지적 기능과 거의 유사함을 알 수 있다.

① 정보 획득 기능:
    주요 개념 추출하기
    주요 개념과 하위 개념 구별하기
    자료의 활용을 통한 개념 파악 능력
    기초적 자료의 수집 능력
    정보 습득 관련 기능
    관찰 기능
② 정보의 조직 및 활용 기능:
    정보의 분류 기능
    정보 간의 관련성 진술하기
    정보의 분석 기능
    도해, 자료에 의거 중요 개념 추출하기
    구두, 문서로 의사 표현하기

③ 대인 관계와 사회적 기능:

　　개인의 신념 표현하기

　　자신의 신념 표현하기

　　개인 내적 기능

　　집단 내 상호작용 기능

④ 문제 해결 및 의사 결정 능력:

　　문제 파악 능력

　　문제 해결 능력

　　탐구, 비교, 분석 능력

　　합리적 의사 결정 능력

　　대안적 선택 능력

위에 제시된 것에서 알 수 있듯이, 조영달이 제시한 경제교육의 지적 기능과 앞서 살펴본 사회과의 지적 기능이 거의 유사함을 알 수 있다. 이상에서 살펴본 사회과의 지적 기능과 경제교육의 지적 기능에 대한 여러 학자들의 분류를 종합하여 정리하면 〈표-9〉와 같다.

〈표-9〉 경제교육의 지적 기능에 대한 학자들의 분류

패트릭	NCSS	한국교육과정 평가원	김재형, 최형규	조영달
연구학습 기능	정보 습득 기능 정보의 조직과 활용 기능 (의사 결정 기능)	정보의 활용 및 의사 교환 기능	정보 수집 및 활용 기능	정보의 획득 기능 정보의 조직 및 활용 기능
탐구 및 의사 결정 기능		문제 해결 및 사고 기능	문제 해결 및 탐구 기능	문제 해결 및 의사 결정 능력
	상호 관계 및 사회 참여 기능	참여 및 공동생활 능력	참여 기능	대인 관계와 사회적 기능

위의 표에 의하면, 패트릭의 분류에는 참여 기능이 없다. 그리고 NCSS가 제시한 정보의 조직과 활용 기능에는 다른 학자들이 문제 해결 및 탐구 기능으로 분류한 의사 결정 기능이 하위 유목으로 들어가 있다. 또한 NCSS와 조영달은 정보 수집 기능과 정보의 조직 및 활용 기능을 다른 영역의 기능으로 구분하는 데 반하여 한국교육개발원과 김재형은 이를 하나의 영역으로 구분하는 등 학자마다 약간의 차이가 있다.

이상에서 살펴본 여러 학자들의 분류를 토대로 할 때, 초등학교 3·4학년 경제수업에서 제공되어야 할 학습 활동 및 하위 유목은 〈표-10〉과 같이 선정해 볼 수 있다. 이 표에서 정보 수집 및 활용 활동은 정보를 획득하고 조직, 종합, 해석, 분석하는 등의 활동을 하나의 범주로 묶은 것이다. 문제 해결 및 사고 활동 문제 해결 및 사고 활동과 의사 결정 활동을 하나의 범주로 묶은 것이다. 참여 활동은 사회 참여 활동, 공동생활 활동 등을 하나의 범주로 묶은 것이다.

〈표-10〉 초등학교 3·4학년 수업에서 제공되어야 할 학습 활동 및 하위 유목

학습 활동	3·4학년 수준에서의 하위 유목
정보 수집 및 활용 활동	· 각종 지도, 그래프, 표, 연대표, 기타 시각 자료들을 해석하기와 작성하기 · 면담과 조사 등의 다양한 출처로부터 자료들을 조직하여 제시하기 · 수집된 정보의 의미 해석하기
문제 해결 및 사고 활동	· 문제 파악 및 해결 방법 생각하기 · 문제 해결을 위한 가설 추론 및 근거 제시하기 · 주어진 자료와 증거에 입각하여 결론 이끌어 내기
참여 활동	· 공동작업 및 고장의 일에 참여하기 · 문제 해결 및 의사 결정을 위한 집단 작업 및 토의에 참여하기

Ⅳ. 초등학교 3·4학년 사회과
교육과정 분석

여기서는 제3, 4, 5, 6, 7차 초등학교 3·4학년 사회과 교육과정, 교육과정 해설서 및 교사용 지도서에 경제교육의 기본 개념과 원리가 명료하게 제시되어 있는지를 분석하였다. 경제교육의 원리 분석에서는 경제교육의 원리가 사회과 교육과정, 교육과정 해설서 및 교사용 지도서 중 어디에 중점적으로 제시되어 있는지를 함께 비교·분석하였다. 여기서 이와 같은 분석을 하는 것은, 교육 내용이 교육과정, 교육과정 해설서 및 교사용 지도서에 무질서하게 제시되어 있을 경우, 교사들의 입장에서 교육 내용을 명료하게 파악하는 것이 매우 어렵기 때문이다. 두 번째로 사회과 교육과정, 교육과정 해설서 및 교사용 지도서에 제시되어 있는 여러 경제교육 내용이 구조를 이루고 있는지를 분석하였다. 그리고 끝으로 수업에서 제공되어야 할 학습 활동이 내용과 함께 제시되어 있는지를 분석하였다.

A. 경제교육 개념 및 원리의 제시 여부

1. 개념

다음의 〈표-11〉과 〈표-12〉는, 제3, 4, 5, 6, 7차 초등학교 3·4학

년 사회과 교육과정, 교육과정 해설서 및 교사용 지도서에 제시되어
있는 경제교육의 기본 개념 및 하위 개념을 차례로 정리한 것이다.
이 두 표를 보면, 3·4학년 모두, 제7차 교육과정에는 3, 4, 5, 6차 교
육과정에 제시되어 있는 개념보다 많은 개념이 제시되어 있음을 알
수 있다. 예컨대 3학년의 경우, 3차 교육과정에는 생산과 소비의 개
념만 제시되어 있지만, 5, 6, 7차 교육과정에는 소득분배와 시장, 화
폐와 금융 개념이 추가되었다. 4학년의 경우에는 6차와 7차 교육과
정에 경제교육에서 가장 기본적인 개념이라 할 수 있는 기본 경제문
제의 기회비용 개념과 희소성의 개념을 포함하여 소비, 소득분배, 생
산, 시장, 화폐, 국제경제 등의 개념이 이 제시되어 있었다.

〈표-11〉 초등학교 3학년 사회과 교육과정에 제시되어 있는 경제교육의 개념

	3차 교육과정	4차 교육과정	5차 교육과정	6차 교육과정	7차 교육과정
기본경제문제					
소비	·의식주	·의식주	·의식주	·의식주	·의식주 ·소비자
소득분배				·직업	·직업
생산	·식품생산 ·자원 이용 및 개발 ·분업	·자원 이용 및 개발 ·산업	·자원 이용 및 개발 ·분업	·자원 이용 및 개발 ·생산 ·수요·공급	·생산 ·산업 ·산업구조 ·자원 이용 및 개발 ·수요·공급
시장			·시장 ·물자 유통	·시장 ·물자 유통	·시장 ·물자 유통
경제체제					
국민소득					
화폐와 금융			·화폐		
재정					
국제경제					
경제변동					

〈제7차 초등학교 3학년 사회과 교육과정에 제시되어 있는 경제교육의 개념이 어떻게 분석되
었는지는 〈부록 1〉에 보다 자세하게 기술함).

〈표-12〉 초등학교 4학년 사회과 교육과정에 제시되어 있는 경제교육의 개념

	3차 교육과정	4차 교육과정	5차 교육과정	6차 교육과정	7차 교육과정
기본경제문제				·기회비용 ·선택	·희소성
소비			·의식주	·저축	·소비 ·저축
소득분배			·직업		·직업
생산	·산업 ·자원 이용 및 개발		·생산 요소 ·산업 ·산업구조 ·분업 ·협업	·산업 ·산업구조 ·자원 이용 및 개발	·생산 ·산업 ·자원 ·분업 ·공공재
시장			·물자 유통	·시장	·시장 ·물자 유통 ·가격
경제체제					
국민소득					
화폐와 금융				·화폐	·화폐
재정					
국제경제				·수출 ·수입	·수출 ·수입
경제변동					

(제7차 초등학교 4학년 사회과 교육과정에 제시되어 있는 경제교육의 개념이 어떻게 분석되
었는지는 〈부록 2〉에 보다 자세하게 기술함).

그리고 기본 개념의 하위 개념도 훨씬 다양하게 제시되어 있음을
알 수 있다. 예컨대 3학년 3차 교육과정에는 생산 개념의 하위 개념
으로 생산, 자원 이용 및 개발, 분업의 개념이 제시되어 있지만, 7차
교육과정에는 생산, 산업, 산업구조, 자원 이용 및 개발, 수요·공급
등과 같이 보다 다양한 하위 개념이 제시되어 있었다. 시장 개념 역
시 4학년 5차 교육과정에는 물자 유통이라는 하위 개념만으로 제시
되어 있지만, 7차 교육과정에는 가격의 개념이 추가되어 있어, 3, 4,

5, 6차 교육과정과 비교하여, 7차 교육과정에는 경제교육의 기본 개념과 하위 개념이 다양하게 제시되어 있음을 알 수 있다.

그러나 JCEE나 세비지와 암스트롱이 제시한 경제교육의 기본 개념 및 하위 개념과 비교하면, 초등학교 3·4학년 제7차 교육과정에는 경제교육의 개념이 제한적으로 제시되어 있다고 할 수 있다. 즉 JCEE나 세비지와 암스트롱은 단순한 수준에서라도 3·4학년 수준에서 경제체제, 국민소득, 재정, 경제변동의 개념을 다룰 것을 제안하였지만, 제7차 교육과정에는 이들 개념이 제시되어 있지 않았다.

위의 두 표의 분석 결과를 각 교육과정별로 보다 구체적으로 살펴보면, 3차와 4차 교육과정에는 5, 6, 7차 교육과정에 제시되어 있는 시장, 화폐와 금융, 국제경제 등의 개념이 제시되어 있지 않았다. 6차 교육과정에는 기본 경제문제, 소비, 소득분배, 생산, 시장, 화폐와 금융, 국제경제 등의 개념이 제시되어 있지만, 생산 개념 중 분업의 개념이, 그리고 시장 개념 중에는 물물교환 또는 가격의 하위 개념이 제시되어 있지 않았다. 7차 교육과정에는 기본 경제문제, 소비, 소득분배, 생산, 시장, 화폐, 국제경제 등 3, 4, 5, 6차 교육과정과 비교하여 경제교육의 기본 개념과 하위 개념이 보다 다양하게 제시되어 있었지만, JCEE나 세비지와 암스트롱이 제시한 경제체제, 국민소득, 재정, 경제변동 개념 등은 제시되어 있지 않아, 전체적으로 볼 때 경제교육의 개념이 제한적으로 제시되어 있다고 볼 수 있다.

2. 원리

다음의 〈표-13〉과 〈표-14〉는 제3, 4, 5, 6, 7차 초등학교 3·4학년

사회과 교육과정, 교육과정 해설서, 교사용 지도서에 제시되어 있는
경제교육의 원리를 차례로 정리한 것이다.

〈표-13〉 초등학교 3학년 사회과 교육과정에 제시되어 있는 경제교육의 원리

	교육과정, 교육과정 해설서 및 교사용 지도서에 제시되어 있는 경제교육의 원리
3차 교육과정	·자연환경의 이용과 개발은 인간생활에 큰 발전을 가져다준다. ·의식주 생활에 필요한 물건은 분업과 협동에 의하여 생산되고 서로 사용하고 있다.
4차 교육과정	·인간은 자연환경에 적응하면서 필요에 의하여 자연을 이용, 개발하고 있다. ·자연환경이 서로 다른 고장 사람들은 분업과 협력을 통해 서로 상호 의존하고 있다.
5차 교육과정	·고장 사람들은 기본적 욕구를 충족시키기 위하여 자연자원을 활용한다. ·여러 고장들은 자연환경의 차이와 함께 주민들의 생활 모습이 서로 다르며, 이러한 차이로 인하여 분업과 상호 협력이 필요하게 된다.
6차 교육과정	·한 지역의 주요 생산 활동은 고장의 자연을 이용하고 보전하는 일과 관련 있다. ·고장 사람들이 살아가는 데 필요한 재화와 용역을 만들거나 구하는 방법은 고장마다 다르다. ·물건은 합리적이고 계획적으로 사야 한다. ·여러 고장에서 생산되는 물건은 시장을 통해 교환된다. ·생활에 필요한 물건은 시장을 통하여 생산지에서 소비지로 옮겨 간다.
7차 교육과정	·다양한 직업은 고장의 환경과 밀접한 관련을 가진다. ·지역의 사람들은 지역의 자원을 효율적으로 이용하는 생산 활동을 하고 있다. ·산업 발달은 고장의 인문 및 자연환경과 밀접한 관련을 맺고 있다. ·시장에서는 물건이 유통되는 가운데 물건 생산자, 물건 판매자, 물건 소비자, 물건 운반자 등이 서로 관련을 맺고 있다. ·시장은 물자 유통을 통하여 고장을 하나의 통합된 생활공간으로 결합시켜 준다. ·우리 고장은 시장에서의 물자 유통을 통하여 다른 고장과 상호 의존 관계를 맺고 있다.

(제7차 초등학교 3학년 사회과 교육과정에 제시되어 있는 경제교육의 원리가 어떻게 분석되었는지는 〈부록 3〉에 보다 자세하게 기술함).

〈표-14〉 초등학교 4학년 사회과 교육과정에 제시되어 있는 경제교육의 원리

	교육과정, 교육과정 해설서 및 교사용 지도서에 제시되어 있는 경제교육의 원리
3차 교육과정	·자연환경은 인간 생활에 유리하도록 이용·개발될 수 있다. ·각 지방의 생활 특성은 다르며, 이 차이점은 각 지방 간에 긴밀한 상호관계를 맺게 한다.
4차 교육과정	
5차 교육과정	
6차 교육과정	·각 시·도의 자연환경에 따라 산업이 발달한다. ·사람들의 필요에 의해 지역 간에는 물자가 이동한다. ·시·도의 발전을 위하여 주민들은 자치적으로 활동한다. ·사람의 욕망을 충족시키기 위해서는 현명한 선택이 필요하다. ·저축을 늘리는 것은 개인과 나라의 발전을 위하여 필요하다.
7차 교육과정	·시·도의 주요 산업은 그 시·도 특유의 자원 개발 및 이용과 깊은 관계를 가진다. ·우리의 경제생활이 잘 이루어지려면 여러 직업을 가진 사람들 간에, 또 지역 간에 협력이 필요하다. ·지역 사람들은 지방자치단체와 함께 지역의 공익을 위해 노력하고 있다. ·물자 유통의 단계에 따라 생산품의 가격이 달라진다. ·물건의 생산과 유통은 지역 및 국가의 경제활동에 영향을 미친다. ·생산이 분업화되고 유통이 발달할수록 경제생활은 다른 사람과 다른 지역에 더욱 의존하게 된다. ·돈은 나누기 쉽고, 편리하고, 이동, 저장하기 쉽기 때문에 물물교환이 가지는 문제를 줄인다. ·지방자치단체나 기업은 시·도의 자원을 이용한 상품을 개발하여 해외로 수출한다.

(제7차 초등학교 4학년 사회과 교육과정에 제시되어 있는 경제교육의 원리가 어떻게 분석되었는지는 〈부록 3〉에 보다 자세하게 기술함).

이 두 표에 의하면, 3·4학년 모두 제7차 교육과정에는 3, 4, 5, 6차 교육과정과 비교하여 경제교육의 원리가 다양하게 제시되어 있음을 알 수 있다. 즉 3, 4, 5차 교육과정에는 생산에 관한 원리만 제시

되어 있지만, 6차 교육과정에는 시장에 관한 원리가 추가되어 있고, 7차 교육과정에는 국제경제에 관한 원리와 상호 의존에 관한 원리가 추가되어 있음을 알 수 있다. 또한 7차 교육과정에는 시장에 관한 원리의 하위 원리 중 가격에 관한 원리가 추가로 제시되는 등 과거의 교육과정보다 다양한 원리가 제시되어 있음을 알 수 있다.

그러나 위의 두 표에 의하면, 가장 기본적인 경제교육의 원리라 할 수 있는 희소성의 원리는 3·4학년 사회과 교육과정에 제시되어 있지 않았다. "인간이 이용할 수 있는 자연자원은 제한되어 있다"는 희소성의 원리는 모든 경제 관련 문제의 기초가 되는 원리로, 특히 자연자원과 인적 자원 간의 관련을 설명하는 생산에 관한 원리는 인간이 이용할 수 있는 자연자원이 제한되어 있는 까닭에 언제나 희소성의 원리와 함께 설명되어야 한다. 또한 6, 7차 교육과정에 제시되어 있는 시장에 관한 원리는 오늘날의 시장은 자유시장체제에서 움직여지고 있다는 점에서 초등학교 3·4학년 수준에서 경제체제에 관한 원리와 함께 제시될 수 있는 원리이다. 그러나 〈표-13〉과 〈표-14〉에서 볼 수 있듯이, 3·4학년 모두 제3, 4, 5, 6, 7차 사회과 교육과정과 해설서 및 교사용 지도서에 이 원리가 제시되어 있지 않았다. 그리고 시장에 관한 원리를 제시하고 있는 6차 교육과정에는 3·4학년 수준에서 이 원리와 함께 제시되어야 하는 가격에 관한 원리가 제시되어 있지 않았다

앞의 〈표-13〉, 〈표-14〉와 관련하여 한 가지 더 지적할 점은, 사회과 교육과정과 해설서 및 지도서에 제시되어 있는 원리들이 모두 하위 수준의 원리라는 점이다. 상위 수준의 원리는 그것을 구성하는 하위 원리들을 통해 가르쳐진다고 볼 때 하위 수준의 원리 역시 교

육과정에 명료하게 제시되어야 한다. 그러나 하위 원리를 학습하는 것은 그것 자체를 위해서라기보다는 그것을 통해 상위의 원리를 학습하기 위함이다. 따라서 비록 3·4학년에서 상위 수준의 원리가 직접적으로 가르쳐지지 않는다고 해도, 교사들은 그 하위 원리가 궁극적으로 어떤 상위 원리와 관련되는지를 명확히 알고 있어야 한다. 그러므로 교사를 주 고객으로 하는 교육과정에는 구체화된 하위 수준의 원리가 어떤 상위 원리를 학습하기 위함인지가 명료하게 제시되어 있어야 한다. 다시 말하면 상위 수준의 원리와 하위 수준의 원리가 함께 제시되어야 한다. 예컨대 "시·도 및 지방의 자연환경과 인문 환경은 상호 의존 관계를 맺고 있다"는 원리는 "분업의 발달은 생산의 효율성을 높이고 경제력의 발전을 가져왔다", "고도의 분업과 전문화는 오늘날 생산 활동의 특징이다"는 상위 원리와, 더 나아가 "생산은 생산 요소의 기술적인 결합을 통해 다양한 형태로 이루어지며, 경제규모와 생활수준에 큰 영향을 미친다"는 상위 원리와 함께 제시되어야 한다. "시장에서의 물자 유통을 통해 서로 상호 의존 관계를 맺고 있다"는 원리는 "시장은 욕구와 자원 간의 불균형을 해소하기 위한 배분체계로 인간의 경제활동의 중심이 되며, 시장에서의 교환을 통한 경제적 상호 의존성은 증대되어 왔다"는 원리와 함께 제시되어야 한다. 그리고 "지방자치단체나 기업은 그 시·도의 자원을 이용한 상품을 개발하여 해외로 수출한다"는 원리는 "오늘날 국가 간의 경제적 교류와 협력 관계는 점차 증대하고 있다"는 원리와 "자원과 인구의 불평등한 분배는 무역을 경제적 복지의 필수 요소로 만든다"는 상위 원리와 함께 제시되어야 한다.

지금까지의 분석 결과를 종합해 볼 때, 3·4학년 모두 제7차 사회과 교육과정은, 3, 4, 5, 6차 교육과정과 비교하여 경제교육의 기본 개념과 원리가 명료하게 제시되어 있다고 볼 수 있다. 즉 7차 교육과정에는 기본 경제문제, 소비, 소득분배, 생산, 시장, 화폐, 국제경제 등의 기본 개념과 생산과 시장에 관한 원리, 상호 의존에 관한 원리와 가격, 화폐에 관한 원리 등이 제시되어 있었다. 그러나 3·4학년에서 제시되어야 할 국민소득, 금융, 경제체제, 재정, 경제변동의 개념이나 희소성 또는 경제체제에 관한 원리, 모든 경제 관련 문제의 기초가 되는 희소성의 원리와 경제체제에 관한 원리 등은 제시되어 있지 않아, 전체적으로 볼 때, 경제교육의 기본 개념과 원리가 제한적으로 제시되어 있음을 알 수 있다.

이러한 분석 결과는, 현직 교사들과의 면담 및 설문 조사에서도 확인해 볼 수 있었다. 즉 몇몇 교사들은 우리나라 사회과 교육과정에 경제교육의 기본 개념과 원리가 명료하게 제시되어 있지 않음을 심각한 문제로 지적하였다.

"……6차와 7차 사회과 교육과정은 교육 내용을 어떤 활동으로 가르칠 것인지에 대한 것을 지나치게 강조하는 대신, 이 단원에서 어떤 개념과 원리를 가르쳐야 하는지에 대한 것은 거의 제시하고 있지 않다."(강북구 소재 학교 교사)

"기본 개념에 대한 지도가 너무 없는 듯하다. 지역화에 치우치고 현상에만 집착하는 것은 아닌지 걱정이다."(성북구 소재 학교 교사)

"전국이 일일 생활권이 된 지 오래인데 한쪽 면만 지나치게(예: 서대문구의 자연환경, 교통, 문화 면까지) 세밀히 지도되고 있다. 오히려 지식적으로 깊이는 얕지만 폭넓은 개념 형성이 필요한 시기라고 생각된다."(서대문구 소재 학교 교사)

"……예를 들어 서울의 경제를 가르치려면 제반 경제활동의 기본

개념부터(생산, 생산 요소, 유통, 가격의 형성, 수출·입, 자연자원과
인적 자원의 불균형, 자원의 희소성 등) 가르쳐야 제대로 수업이 진
행되고 그렇지 않은 경우 겉돌거나 목표 도달이 어려운 상태입니
다."(성북구 소재 사립학교 교사)

"……직접 체험하는 활동 내용의 양을 줄이고, 개념 정의를 명확
하게 제시해주는 양을 늘렸으면 한다."(중구 소재 학교 교사)

이상 교사들이 제시한 의견들은, 우리나라 사회과 교육과정과 해
설서 및 지도서에 경제교육의 기본 개념과 원리가 명료하게 제시되
어 있지 않아 학생들을 지도하기가 매우 어렵다는 것을 지적하는 것
이라고 할 수 있다. 이러한 의견들을 종합해 볼 때, 경제교육의 기본
개념과 원리 중심으로 교육 내용을 가르치기 위해서는 무엇보다 이
들 개념과 원리가 무엇인지를 명확히 규명하고 사회과 교육과정과
해설서 및 지도서에 이 교육 내용을 명료하게 제시하는 것이 요청된
다고 하겠다.

3. 사회과 교육과정, 교육과정 해설서 및 교사용 지도서 비교

여기서는 여러 사실 및 개념을 서로 관련지어 설명하는 경제교육
의 원리가 사회과 교육과정, 교육과정 해설서 및 지도서 중 어디에
중점적으로 제시되어 있는지를 분석해 보기로 한다. 다음의 〈표-15〉
와 〈표-16〉은 초등학교 3·4학년에서 가르쳐야 할 경제교육의 원리
가 사회과 교육과정과 해설서 및 지도서 중 어디에 제시되어 있는지
를 각 교육과정별로 정리한 것이다.

〈표-15〉 초등학교 3학년 경제교육의 원리가 제시되어 있는 문서

교육과정 구분	경제교육원리	문서		
		교육과정	교육과정 해설서	교사용 지도서
3차 교육과정	· 자연환경의 이용과 개발은 인간생활에 큰 발전을 가져다준다. · 의식주 생활에 필요한 물건은 분업과 협동에 의하여 생산되고 서로 사용하고 있다.		학년 내용 학년 내용	
4차 교육과정	· 인간은 자연환경에 적응하면서 필요에 의하여 자연을 이용, 개발하고 있다. · 자연환경이 서로 다른 고장 사람들은 분업과 협력을 통해 서로 상호 의존하고 있다.	학년목표 학년목표		
5차 교육과정	· 고장 사람들은 기본적 욕구를 충족시키기 위하여 자연자원을 활용한다. · 여러 고장들은 자연환경의 차이와 함께 주민들의 생활 모습이 다르며, 이러한 차이로 인하여 분업과 상호 협력이 필요하게 된다.		학년 내용 학년목표	
6차 교육과정	· 고장 사람들은 자연환경을 이용하여 필요한 것들을 생산한다. · 한 지역의 주요 생산 활동은 고장의 자연을 이용하고 보전하는 일과 관련 있다. · 고장 사람들이 살아가는 데 필요한 재화와 용역을 만들거나 구하는 방법은 고장마다 다르다. · 물건은 합리적으로 계획적으로 사야 한다. · 여러 고장에서 생산되는 물건은 시장을 통해 교환된다. · 생활에 필요한 물건들은 시장을 통하여 생산지에서 소비지로 옮겨 간다.	학년내용 학년내용		단원목표 핵심 내용 핵심 내용 핵심 내용
7차 교육과정	· 다양한 직업은 고장의 환경과 밀접한 관계를 가진다. · 지역의 사람들은 지역의 자원을 효율적으로 이용하는 생산 활동을 하고 있다. · 산업 발달은 고장의 인문 및 자연환경과 밀접한 관련을 맺고 있다. · 시장에서는 물건이 유통되는 가운데 물건 생산자, 물건 판매자, 물건 소비자, 물건 운반자 등이 서로 관련을 맺고 있다. · 시장은 물자 유통을 통하여 고장을 하나의 통합된 생활공간으로 결합시켜 준다. · 우리 고장은 시장에서의 물자 유통을 통하여 다른 고장과 상호 의존 관계를 맺고 있다.		주제별 지도의 관점 및 요소 주제별 지도의 관점 및 요소 주제별 지도의 관점 및 요소	수업의 기본방향 핵심 내용 수업 자료 및 활동아이디어

〈표-16〉 초등학교 4학년 경제교육의 원리가 제시되어 있는 문서

교육과정 구분	경제교육원리	문서		
		교육과정	교육과정 해설서	교사용 지도서
3차 교육과정	·자연환경은 인간 생활에 유리하도록 이용·개발될 수 있다. ·각 지방의 생활 특성은 다르며, 이 차이점은 각 지방 간에 긴밀한 상호 의존 관계를 맺게 한다.		학년목표 학년목표	
4차 교육과정				
5차 교육과정				
6차 교육과정	·각 시·도의 자연환경에 따라 산업이 발달한다. ·사람들의 필요에 따라 지역 간에 물자가 이동된다. ·시·도의 발전을 위하여 주민들은 자치적으로 활동한다. ·사람의 욕망을 충족시키기 위해서는 현명한 선택이 필요하다. ·저축을 늘리는 것은 개인과 나라의 발전을 위해 필요하다.	학년 내용		단원목표 단원목표 핵심 내용 핵심 내용
7차 교육과정	·시·도의 주요 산업은 그 시·도 특유의 자원 개발 및 이용과 깊은 관계를 가진다. ·우리의 경제생활이 잘 이루어지려면 여러 직업을 가진 사람들 간에, 또 지역 간에 협력이 필요하다. ·지역 사람들은 지방자치단체와 함께 지역의 일을 스스로 해 나가고 있다. ·물자 유통의 단계에 따라 생산품의 가격이 달라진다. ·물건의 생산과 유통은 지역 및 국가의 경제활동에 영향을 미친다. ·생산이 분업화되고 유통이 발달할수록 경제생활은 다른 사람과 다른 지역에 더욱 의존하면서 이루어진다. ·지방자치단체나 기업은 시·도의 자원을 이용한 상품을 개발하여 해외로 수출한다. ·돈은 나누기 쉽고 편리하고 이동, 저장하기 쉽기 때문에 물물교환이 가지는 문제를 줄인다.		주제별 지도의 관점 및 요소	핵심 내용 주제별 지도 내용 핵심 내용 학습전개 과정 핵심 내용 핵심 내용 수업 자료 및 활동 아이디어

이 두 표에 의하면, 초등학교 3·4학년에서 가르치고자 하는 경제교육의 원리가 교육과정, 교육과정 해설서 및 교사용 지도서로 나뉘어 산

발적으로 제시되어 있음을 알 수 있다. 또한 각각에서도 서로 다른 부분에 경제교육의 원리가 제시되어 있음을 알 수 있다. 즉 교육과정에는 학년목표와 학년 내용에 제시되어 있고, 교육과정 해설서에는 학년목표와 학년 내용, 혹은 주제별 지도의 관점 및 요소에, 교사용 지도서에는 주제별 지도 내용, 핵심 내용, 수업 자료 및 활동 아이디어 등에 흩어져 제시되어 있었다. 이처럼 가르쳐야 할 교육 내용이 교육과정과 해설서 및 지도서에 매우 산발적으로 제시되어 있는 경우 교사들이 경제교육의 원리를 명료하게 파악하는 것이 어렵게 될 가능성이 높아진다.

실제적으로 많은 교사들은 경제교육 내용이 사회과 교육과정과 해설서 및 지도서에 체계 없이 제시되어 있어 교육 내용을 파악하는 데 많은 어려움이 있다는 의견을 제시하고 있다.

"교육과정의 체계가 뒤죽박죽되어 있어 지도하기에 너무 어려움이 많다"(서초구 소재 학교 교사)

"(교육과정과 해설서 및 지도서 간에) 너무 두서가 없고 도대체 무엇을 가르쳐야 하는지 찾지 못하게 만들었다"(중랑구 소재 학교 교사)

"교육과정은 전혀 참조하지 않는다. 별로 교육 내용이 없기 때문이다. 대신 교사용 지도서라도 좀더 명료하게 많은 교육 내용이 제시되기를 바란다"(북구 소재 학교 교사)

이외에도 많은 교사들이 위와 같은 의견을 제시하였다. 이러한 의견들이 지적하는 대로, 수업에서 가르쳐야 할 교육 내용이 교육과정과 해설서 및 지도서에 산발적으로 제시되는 것은, 교사들로 하여금 교육 내용을 명료하게 파악하게 하는 것을 어렵게 만든다. 이러한 점을 고려할 때, 교육 내용을 명료히 제시하기 위해서는 우선 교육과정, 교육과정 해설서 및 교사용 지도서의 성격을 명확히 규정한 후 교육 내용을 체계적으로 제시하는 것이 요구된다.

다음으로 경제교육의 원리가 사회과 교육과정과 해설서 및 교사용 지도서 중 어디에 가장 많이 제시되어 있는지를 비교하면, 3·4학년 모두 교사용 지도서에 가장 많은 원리가 제시되어 있음을 알 수 있다. 이 결과와 관련하여 교육과정과 교육과정 해설서 및 교사용 지도서에 제시되어 있는 문장의 형태를 분석해 보기로 한다. 그것은 교사용 지도서에 경제교육의 원리가 가장 많이 제시된 것으로 분석된 한 가지 원인을 보다 구체적으로 살펴보기 위함이다.

〈사례 1〉

제7차 사회과 교육과정 4학년 1단원 "우리가 사는 지역 사회"

······또 우리 지역이 여러 자원과 생산 활동, 물자 유통 등에 관한 자료를 수집하여 지역의 자원과 생산 활동의 관계, 물자 유통 및 상호 의존 관계를 파악한다. ······ (36).

위에 제시된 〈사례 1〉은 7차 사회과 교육과정에 제시되어 있는 문장의 대체적인 형태이다. 위에 제시된 문장은, 이 단원에서는 자원과 생산 활동과의 관계, 물자 유통 및 상호 의존 관계를 학습하게 된다는 것에 대한 정보를 제공하고 있다. 그러나 위의 문장은 그 관계가 정확하게 어떤 관계를 나타내는지에 대한 정보는 제공하지 못한다고 볼 수 있다. 다시 말하면 〈사례 1〉과 같이 "무엇과 무엇과의 관계를 파악하게 한다"와 같은 형식으로 제시된 문장은 경제교육의 원리를 나타내고 있다기보다는 그 원리가 무엇에 대한 원리라는 것을 나타내고 있다고 볼 수 있다.

이에 반하여 교사용 지도서에 제시되어 있는 대부분의 문장은 "무엇무엇은⋯⋯이다"와 같은 형태로 다음과 같이 제시되어 있었다.

〈사례 2〉
제7차 사회과 교사용 지도서 4학년 "시·도의 자원과 생산 활동"

　⋯⋯우리 지역사람들은 지역의 자원을 효과적으로 이용함으로써
경제생활을 향상시키고 있다. ⋯⋯시·도의 주요 산업은 그 시·도
특유의 자원 개발 및 이용과 깊은 관계를 가지고 있다(124-125).

위의 〈사례 2〉는 교사용 지도서에 제시되어 있는 문장의 대체적인
형태이다. 이 사례에 의하면, 교사용 지도서에는 경제교육의 원리가
"무엇무엇은⋯⋯이다"와 같은 형태로 제시되어 있음을 알 수 있다.
이러한 명제 형태의 원리와 위의 〈사례 1〉과 같은 문장으로 제시되
어 있는 원리를 비교하면, 〈사례 2〉와 같은 명제 형태의 원리가 보
다 명료하다고 할 수 있다. 그동안 우리나라의 사회과 교육과정과
교육과정 해설서는, 앞의 〈사례 1〉과 같은 문장으로 원리를 제시하
고 있는데, 이러한 결과와 교사용 지도서에 가장 많은 원리가 제시
되어 있는 것으로 분석된 결과는 결코 무관하지 않다고 보인다.
　정리하면, 경제교육의 원리는 교육과정과 해설서 및 지도서에 매우
산발적으로 제시되어 있어 교사들이 경제교육의 원리를 명료하게 파
악하기 어렵게 제시되어 있었다. 그리고 교육과정과 해설서에 제시되
어 있는 문장의 주요 형태는 경제교육의 원리를 직접적으로 제시하기
보다는 그 원리가 무엇에 대한 원리인가를 간접적으로 나타내는 것이
었다. 이런 분석 결과를 고려할 때 교육 내용을 보다 명료하게 제시하
기 위한 한 가지 방법으로 교육과정과 교육과정 해설서 및 지도서의 성

격을 명확히 규명하고 교육 내용을 체계적으로 제시할 것과 경제교육
의 원리를 명제의 형태로 직접적으로 제시할 것 등을 제안할 수 있다.

B. 경제교육 내용의 구조성 여부

제3, 4, 5, 6, 7차 초등학교 3·4학년 사회과 교육과정과 교육과정
해설서 및 교사용 지도서에 제시되어 있는 사실, 개념, 원리 등의 경
제교육 내용이 구조를 이루고 있는지를 분석한 결과는 다음과 같다.

〈표-17〉 사회과 교육과정 경제 단원에 제시된 교육 내용의 구조성 여부

구조를 이루는 단원	구조를 이루지 않는 단원		
	불충분한 사실 또는 원리의 제시	부적합한 사실의 제시	사실과 개념만 제시
·'고장 사람들이 하는 일' (7차 3학년) ·'시·도의 자원과 생산 활동' (7차 4학년) ·'필요한 것들의 생산' (6차 3학년) ·'산업과 생활' (6차 4학년) ·'가정의 살림살이' (6차 4학년)	·'서로 돕는 경제생활' (7차 4학년) ·'우리들의 의식주' (5차 3학년) ·'자연 속에 사는 우리들' (5차 3학년) ·'우리 생활에 필요한 것들' (4차 3학년) ·'자연과 사람들의 생활' (4차 3학년) ·'우리들의 생활에 필요한 것' (3차 3학년)	·'시장과 우리 생활' (7차 3학년) ·'시장과 가게' (6차 3학년) ·'시장 사람들이 하는 일' (6차 3학년) ·'우리 시·도의 자연과 산업' (3차 4학년)	·'우리에게 필요한 것들' (6차 3학년) ·'시장과 물자의 이동' (6차 4학년) ·'우리 고장의 시장' (5차 3학년) ·'시장에서 사 온 물건' (5차 3학년) ·'한 이웃이 된 여러 고장' (5차 3학년) ·'서울의 자연과 산업' (5차 4학년) ·'의식주 생활' (5차 4학년) ·'직업과 모듬살이' (5차 4학년) ·'분업과 협업' (5차 4학년)
5단원	6단원	4단원	9단원
24단원			

앞의 〈표-17〉을 보면, 3차부터 7차 사회과 교육과정에 제시된 24개 경제 단원 중 5개 단원에 제시된 경제교육 내용이 구조를 이루는 것으로 분석되었다. 그 외 19개 단원은 구조를 이루지 않았는데, 그 유형을 살펴보면, 불충분한 사실 또는 원리가 제시되어 있는 유형, 원리를 설명하는 데 부적합한 사실이 제시되어 있는 유형, 그리고 사실과 개념만 제시되어 있는 유형으로 나누어 볼 수 있다.

1. 사실, 개념, 원리의 구조

앞의 〈표-17〉에 의하면, 사실, 개념, 원리가 구조를 이루는 단원은 7차 3학년 '고장 사람들이 하는 일' 단원, 7차 4학년 '시·도의 자원과 생산 활동' 단원, 6차 3학년 '필요한 것들의 생산' 단원, 그리고 6차 4학년 '산업과 생활'과 '가정의 살림살이' 단원이다. 제7차 3학년 '고장 사람들이 하는 일' 단원에 제시된 경제교육 내용이 구조를 이루고 있다는 것을 그림으로 표현하여 설명하면 [그림-1]과 같다.

이 그림에 의하면, 사실, 개념, 원리가 하나의 구조를 이루고 있다고 분석해 볼 수 있는데, 고장의 자연환경과 자원의 종류 및 그 이용 모습, 고장의 주요 산업의 종류 및 산업 분류, 그리고 고장 사람들의 직업의 종류 등의 내용은, 생산, 산업, 직업, 자원 이용 등의 개념과 "다양한 직업은 고장의 환경과 밀접한 관련을 가진다", "지역의 사람들은 지역의 자원을 효율적으로 이용하는 생산 활동을 한다", "산업 발달은 자연, 인문환경과 밀접한 관련을 맺고 있다"는 원리를 설명하는 데 적합한 사실적 내용이라고 할 수 있다.

**[그림-1] 제7차 3학년 '고장 사람들이 하는 일' 단원에 제시된
경제교육 내용의 구조화**

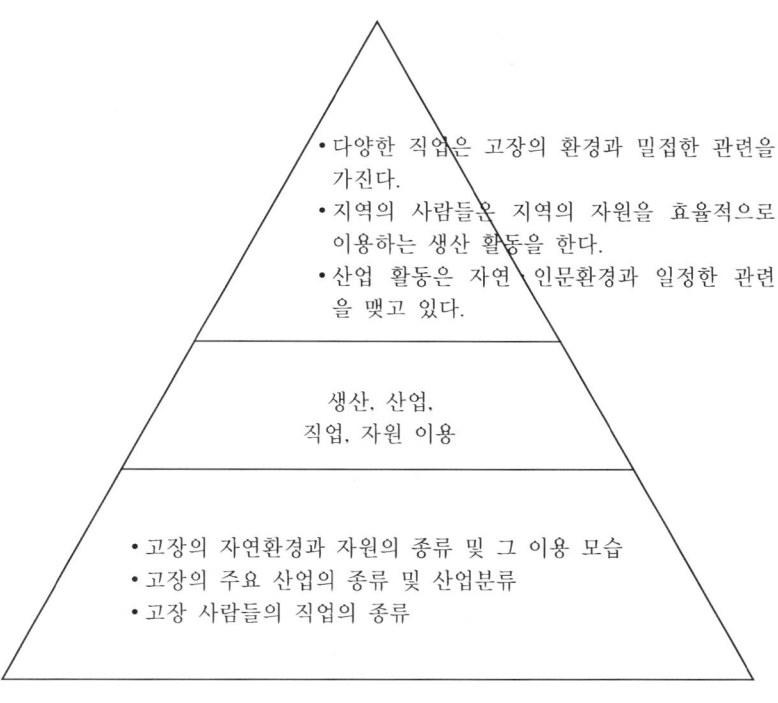

• 다양한 직업은 고장의 환경과 밀접한 관련을
 가진다.
• 지역의 사람들은 지역의 자원을 효율적으로
 이용하는 생산 활동을 한다.
• 산업 활동은 자연 인문환경과 일정한 관련
 을 맺고 있다.

생산, 산업,
직업, 자원 이용

• 고장의 자연환경과 자원의 종류 및 그 이용 모습
• 고장의 주요 산업의 종류 및 산업분류
• 고장 사람들의 직업의 종류

또한 제7차 4학년 '시·도의 자원과 생산 활동' 단원에 제시된 경제교육 내용도 구조를 이루는 것으로 분석되었다. 다음의 [그림-2]에 의하면, 우리 지역의 자원 이용 및 개발 사례, 여러 시·도의 특산물과 전통 산업, 여러 지역 주민들의 생활 모습, 시·도에서 판매되는 물건의 생산지, 여러 생산 활동에서의 분업의 사례, 새로 생겨나는 직업의 종류, 지자체가 지역 경제 발전을 위해 하는 일, 지역주민들이 원하는 공공재의 종류 등은 생산, 산업, 자원, 분업, 직업, 공공재 등의 개념과 "시·도의 주요 산업은 그 시·도 특유의 자원 개발 및 이용과 깊은 관계를 가진다", "우리의 경제생활이 잘 이루어

지려면 여러 직업을 가진 사람들 간에, 또 지역 간에 협력이 필요하다", "생산이 분업화되고 유통이 발달할수록 경제생활은 다른 사람과 다른 지역에 더욱 의존하면서 이루어진다", "지역 사람들은 지방자치단체와 함께 지역의 공익을 위해 노력하고 있다"는 원리를 설명하는 데 적합한 사실적 내용이라고 볼 수 있다.

[그림-2] 제7차 4학년 '시·도의 자원과 생산 활동' 단원에 제시된
경제교육 내용의 구조화

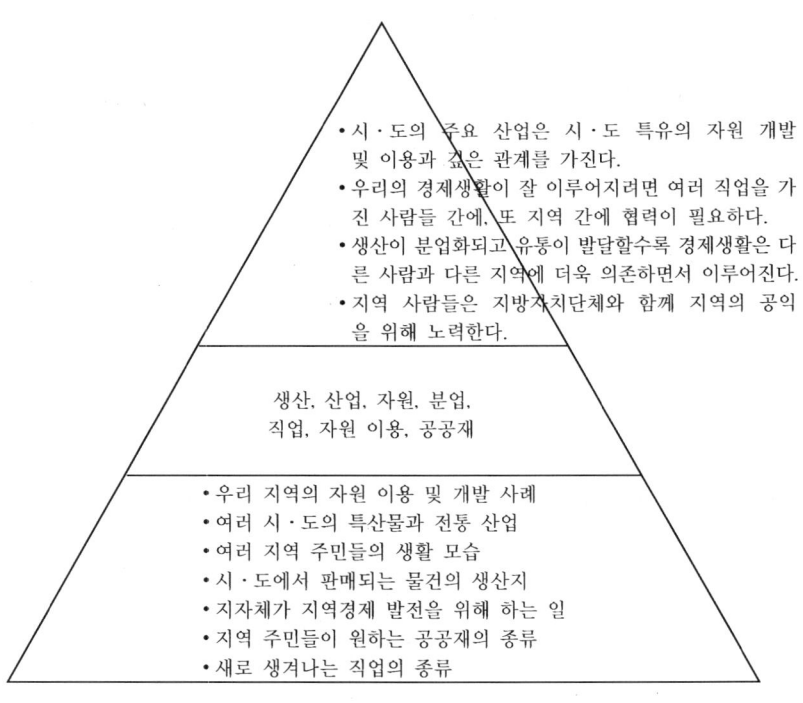

• 시·도의 주요 산업은 시·도 특유의 자원 개발 및 이용과 깊은 관계를 가진다.
• 우리의 경제생활이 잘 이루어지려면 여러 직업을 가진 사람들 간에, 또 지역 간에 협력이 필요하다.
• 생산이 분업화되고 유통이 발달할수록 경제생활은 다른 사람과 다른 지역에 더욱 의존하면서 이루어진다.
• 지역 사람들은 지방자치단체와 함께 지역의 공익을 위해 노력한다.

생산, 산업, 자원, 분업,
직업, 자원 이용, 공공재

• 우리 지역의 자원 이용 및 개발 사례
• 여러 시·도의 특산물과 전통 산업
• 여러 지역 주민들의 생활 모습
• 시·도에서 판매되는 물건의 생산지
• 지자체가 지역경제 발전을 위해 하는 일
• 지역 주민들이 원하는 공공재의 종류
• 새로 생겨나는 직업의 종류

그 외 제6차 3학년 '필요한 것들의 생산' 단원과 4학년 '산업과 생활', '가정의 살림살이' 단원에 제시되어 있는 내용도 구조를 이루는 것으로 분석되었다. 제6차 3학년 '필요한 것들의 생산' 단원에 제시되

어 있는 자연환경을 이용한 여러 생산 활동의 사례는 자연에 따라 재화와 용역을 구하는 방법이 고장마다 다르며 자연환경을 이용한 생활을 하고 있다는 원리를 설명하는 데 적합하다고 할 수 있다. 제6차 4학년 '산업과 생활' 단원에 제시되어 있는 여러 시·도의 자연환경과 산업 활동 사례 역시 시·도의 산업은 자연환경과 밀접한 관계가 있다는 것을 설명하는 데 적합하다고 할 수 있다. 그리고 '가정의 살림살이' 단원에 제시되어 있는 우리 집의 수입과 지출, 가계부 쓰기, 물건 살 때 고민했던 경험, 저축의 필요성 등에 대한 설명은 여러 가지 욕망을 충족시키기 위해서는 현명한 선택이 필요하며, 저축은 개인과 나라의 발전을 위해 필요하다는 것을 설명하는 데 적합하다고 할 수 있다. 제6차 3·4학년 단원에 제시되어 있는 경제교육 내용을 구조화하여 제시하면 다음과 같다.

〈표-18〉 제6차 3·4학년 경제 단원에 제시된 교육 내용의 구조화

경제교육 내용/	6차 3학년 '필요한 것들의 생산'	6차 4학년 '산업과 생활'	6차 4학년 '가정의 살림살이'
원리	·고장 사람들이 살아가는 데 필요한 재화와 용역을 만들거나 구하는 방법은 고장마다 다르다. ·한 지역의 주요 생산 활동은 고장의 자연을 이용하고 보전하는 일과 관련 있다.	·각 시·도의 자연환경에 따라 산업이 발달한다.	·사람의 욕망을 충족시키기 위해서는 현명한 선택이 필요하다. ·저축을 늘리는 것은 개인과 나라의 발전을 위해 필요하다.
개념	·생산 ·자원 이용 및 개발	·산업(산업구조) ·직업 ·자원 이용 및 개발	·기회비용 ·소비 ·저축·화폐
사실	·자연환경을 이용한 여러 생산 활동 (양식장, 제과공장, 우리 온실)	·우리 시·도에서 발달한 산업 ·우리 시·도의 자연환경 ·다른 시·도의 자연환경과 산업 ·우리 시·도에서 생산되는 물건	·우리 집의 수입·지출 ·가계부 쓰기 ·용돈으로 사고 싶은 것의 순서 정하기 ·물건 살 때 고민했던 경험 ·저축의 필요성

다음으로는 사실, 개념, 원리들이 구조를 이루지 못하는 단원의 유형을 몇 가지로 나누어 보다 구체적으로 살펴보기로 한다.

2. 사실, 개념, 원리의 구조성 결여의 유형

가. 불충분한 사실 및 원리의 제시

사실, 개념, 원리가 구조를 이루지 못하는 첫 번째 유형은, 불충분한 사실 또는 원리가 제시되어 있는 것이다. 교육과정에 개념이나 원리를 설명하는 사실적 지식들이 충분하게 제시되지 못하면, 그 사실적 지식을 통해 설명하고자 하는 개념이나 원리가 실제 수업에서 중요한 교육 내용으로 가르쳐질 가능성이 적어진다. 또한 여러 사실적 지식들을 관련시켜 설명하는 개념이나 원리가 제시되어 있지 않으면, 사실적 지식이 단지 단편적인 지식으로 가르쳐질 가능성이 높아진다. 이와 같이 사실을 관련짓는 개념과 원리, 또는 원리를 설명하는 사실적 지식이 충분하게 제시되지 않으면 사실, 개념, 원리를 구조의 맥락 속에서 가르칠 가능성이 적어진다. 제7차 4학년 '서로 돕는 경제생활' 단원은 사실과 개념을 관련지어 설명하는 원리가 불충분하게 제시된 단원으로 분석되었으며, 제3, 4, 5차 3학년 경제 단원은 개념과 원리를 설명하는 사실이 불충분하게 제시된 단원으로 분석되었다. 먼저 원리가 불충분하게 제시되어 있는 것으로 분석된 단원의 경제교육 내용을 구조화하면 다음과 같다.

다음의 [그림-3]은 제7차 4학년 '서로 돕는 경제생활' 단원에 제시된 경제교육 내용을 구조화한 것이다.

**[그림-3] 제7차 4학년 '서로 돕는 경제생활' 단원에 제시된
경제교육 내용의 구조화**

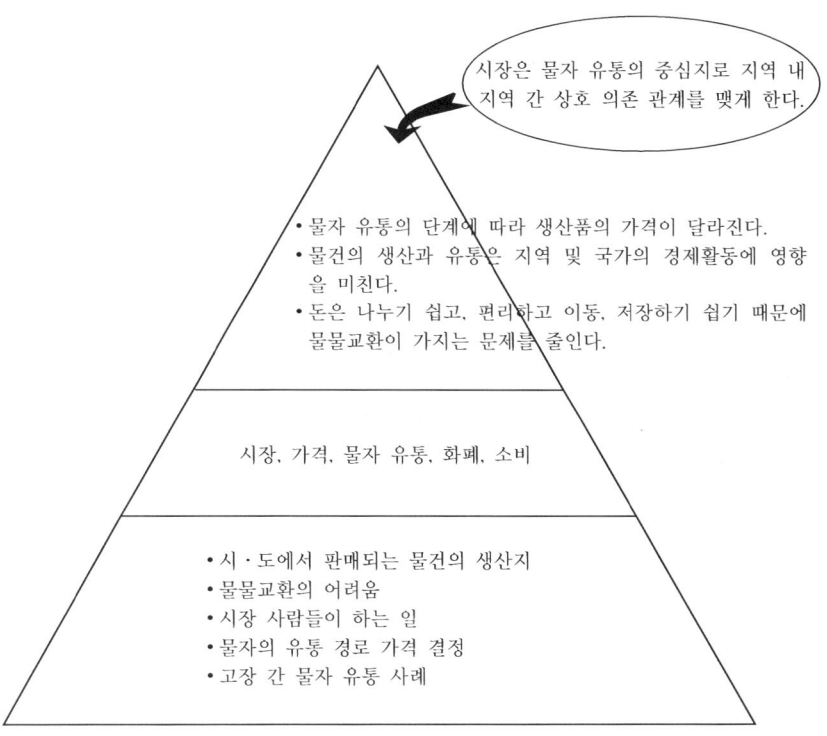

이 단원의 주요 교육 내용은 시장, 가격, 화폐, 물자 유통의 개념을 중심으로 이를 설명하는 여러 사실과 원리들이다. [그림-3]에 의하면, 시장, 가격, 화폐, 물자 유통에 관한 여러 사실들, 그리고 이를 통해 설명하고자 하는 개념과 원리가 각각 제시되어 있지만, 이 단원에서 가장 중요한 원리인 시장에 관한 원리, 즉 "시장은 물자 유통의 중심지로 지역 내, 지역 간 상호 의존 관계를 맺게 한다"는 원리는 제시되어 있지 않음을 알 수 있다. 이것은 이 단원에 제시된 여러 사실과 개념을 설명하는 원리가 불충분하게 제시되어 있음을 의미한다.

　　다음은 개념과 원리를 설명하는 사실이 불충분하게 분석된 단원 중, 3차 교육과정의 3학년 '우리들의 생활에 필요한 것' 단원에 제시된 경제교육 내용을 구조화한 것이다. 다음의 [그림-4]에 의하면, 전체적으로 볼 때 사실, 개념 원리 등의 경제교육 내용은 구조를 이루고 있다고 볼 수 있다. "자연환경의 이용과 개발이 인간생활에 큰 발전을 가져다준다"는 원리와 "의식주 생활에 필요한 물건은 분업과 협동에 의하여 생산되고 서로 사용하고 있다"는 원리를 설명하기 위하여 의식주, 생산, 자원 이용 및 개발, 분업, 협업과 같은 개념과 인간생활에 필요한 의식주, 자연을 이용하는 모습, 그리고 여러 사람이 함께 집을 짓는다는 사실들이 제시되어 있기 때문이다.

[그림-4] 제3차 3학년 '우리들의 생활에 필요한 것' 단원에 제시된
경제교육 내용의 구조화

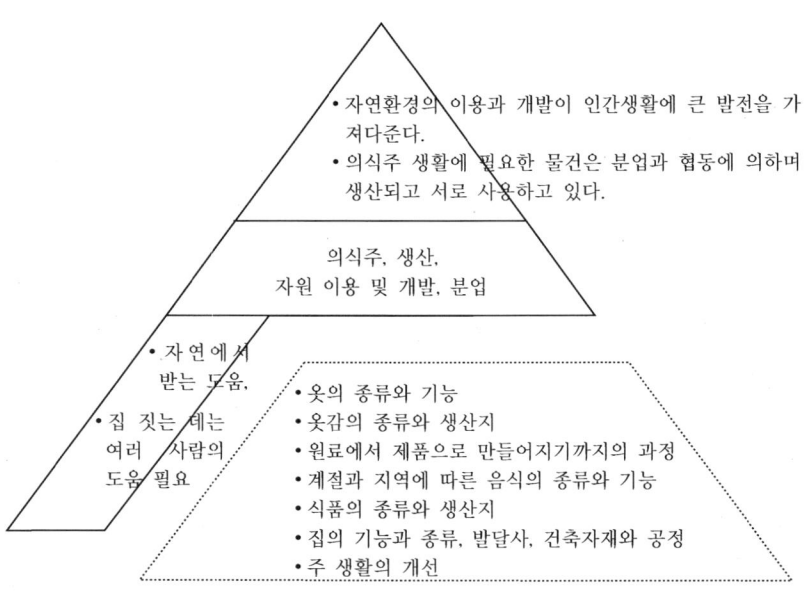

그러나 3차 사회과 교과서 총 32쪽의 분량 중에서 옷의 종류와 기능, 옷감의 종류와 생산지, 원료에서 제품으로 만들어지기까지의 과정, 계절과 지역에 따른 음식의 종류와 기능, 식품의 종류와 생산지, 집의 기능과 종류, 발달사, 건축 자재와 공정, 주생활의 개선 등 의식주에 관한 단순 사실들이 25쪽 분량을 차지하고 있고, 의식주를 자연에서 얻고 있다는 내용과 분업과 협동에 관한 내용은 7쪽 분량으로 지극히 짧게 제시되어 있어 이 단원에서 가르치고자 하는 "자연환경의 이용과 개발이 인간생활에 큰 발전을 가져다준다"는 원리나 "의식주 생활에 필요한 물건은 분업과 협동에 의하여 생산되고 서로 사용하고 있다"는 원리가 실제 수업에서 중요한 교육 내용으로 가르쳐질 가능성은 적게 나타났다. 이 원리들이 실제 수업에서 중요한 교육 내용으로 가르쳐지기 위해서는 의식주에 대한 단순 사실 보다는 의식주를 위하여 어떤 것들을 자연환경으로부터 얻고 있는지, 의식주를 위하여 여러 사람들이 어떻게 돕고 있는지에 대한 사실들이 더 많이 제시될 필요가 있다고 보인다.

그 외에도 제4차, 5차 3학년 사회과 4개 단원에 제시된 경제교육 내용 역시 같은 분석을 할 수 있다. 〈표-19〉는 이들 4개 단원에 제시된 경제교육 내용을 구조화한 것이다. 이 표에서 5차 3학년 '우리들의 의식주' 단원에 제시된 내용을 보면, "고장 사람들은 기본적 욕구를 충족시키기 위하여 자연자원을 활용한다"는 원리를 설명하기 위하여 음식, 옷, 집에 관한 사실이 14쪽, 자연으로부터 얻는 것에 대한 사실들이 2쪽에 걸쳐 제시되어 있음을 알 수 있다. 이러한 분석 결과는 이 단원에서 가르치고자 하는 '자연환경의 활용'에 관한 원리를 설명하는 사실이 충분하게 제시되어 있지 않음을 의미한다. 5차 4학

년 '자연 속에 사는 우리들' 단원 역시 자연 이용 모습에 대한 사실
은 제시되어 있으면서도 분업의 사례는 제시되어 있지 않아 "자연환
경의 차이로 인해 생활 모습이 다르며 이러한 차이로 인하여 분업과
상호 협력이 필요하게 된다"는 원리를 설명하는 사실이 충분하게 제
시되어 있지 않다고 볼 수 있다. 마찬가지로 제4차 3학년 경제 단원
도 원리를 설명하는 데 필요한 자연 이용 모습과 분업의 사례가 충
분하게 제시되어 있지 않았다. 이와 같이 원리를 설명하는 사실들이
불충분하게 제시되면 그 사실들을 통해 설명하고자 하는 원리들이
중요한 교육 내용으로 가르쳐질 가능성이 적어진다. 다른 말로 이것
은 원리와 관련되지 않는 사실 중심으로 실제 수업이 진행될 수 있
다는 것으로, 즉 원리와 관련되지 않은 단편적 사실 위주로 수업이
될 가능성이 많음을 의미한다.

<h3 style="text-align:center">〈표-19〉 불충분한 사실 제시 유형의 예</h3>

경제교육 내용/단원	5차 3학년 '우리들의 의식주'	5차 3학년 '자연 속에 사는 우리들'	4차 3학년 '우리 생활에 필요한 것들'	4차 3학년 '자연과 사람들의 생활'
원리	·고장 사람들은 기본적 욕구를 충족시키기 위해 자연자원을 활용한다.	·여러 고장들은 자연환경의 차이와 함께 주민들의 생활 모습이 서로 다르며, 이러한 차이로 인하여 분업과 상호 협력이 필요하게 된다.	·인간은 자연환경에 적응하면서 필요에 의하여 자연을 이용·개발하고 있다.	·자연환경이 다른 고장 사람들은 분업과 협력을 통해 서로 상호 의존하고 있다.
개념	·의식주 ·자원 이용 및 개발	·분업 ·자원 이용 및 개발	·의식주 ·자원 이용 및 개발	·분업
사실	·옷, 음식, 집에 관한 사실(총 16쪽 중 14쪽 분량) ※사람들이 자연으로부터 얻는 것(총 16쪽 중 2쪽 분량)	·자연 이용 모습(총 12쪽 중 12쪽 분량) ※분업에 대한 사실 없음	·옷, 음식, 집에 관한 사실(총 18쪽 중 17쪽 분량) ※자연 이용 모습 (총 18쪽 중 1쪽 분량)	·자연에 따라 달라지는 생활 모습 (총 10쪽 중 10쪽 분량) ※분업에 대한 사실 없음

(※ 개념과 원리를 설명하는데 불충분한 사실)

나. 부적합한 사실의 제시

사실, 개념, 원리가 구조를 이루지 못하는 두 번째 유형은, 개념이나 원리를 설명하는 데 부적합한 사실이 제시되어 있는 것이다. 교육과정에 개념이나 원리를 설명하는 데 부적합한 사실들이 제시되면, 그 사실들을 통해 개념과 원리를 가르칠 수 없게 되고, 결과적으로 사실, 개념, 원리는 구조를 이루지 못하게 된다. 개념과 원리를 설명하는 데 부적합한 사실이 제시되어 있는 것으로 분석된 제7차 3학년 '시장과 우리 생활' 단원에 제시되어 있는 경제교육 내용을 구조화하여 그림으로 제시하면 다음과 같다.

[그림-5] 제7차 3학년 '시장과 우리 생활' 단원에 제시되어 있는
경제교육 내용의 구조화

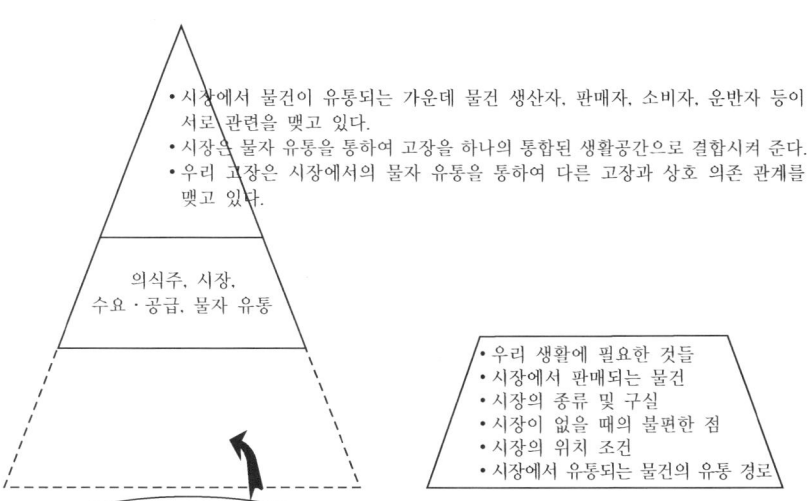

앞의 그림에서 큰 세모 옆의 사다리꼴 그림에 제시되어 있는 내용은 사회과 교육과정에 제시되어 있는 사실적 지식이다. 이 사실적 지식들은 분명 시장에 관한 사실들이다. 그러나 이 사실들은 이 단원에서 가르치고자 하는 세 가지 원리, 즉 "시장에서 물건이 유통되는 가운데 물건 생산자, 판매자, 소비자, 운반자 등이 서로 관련을 맺고 있다", "시장은 물자 유통을 통하여 고장을 하나의 통합된 생활공간으로 결합시켜 준다", "우리 고장은 시장에서의 물자 유통을 통하여 다른 고장과 상호 의존 관계를 맺고 있다"는 원리를 설명하는 데 적합한 사실들은 아니다. 오히려 그림 맨 아래 둥근 타원에 제시되어 있는 내용, 즉 '우리 고장과 다른 고장 간의 상호 의존 사례', '우리 고장 사람들 간의 상호 의존 사례', '물건 생산자, 소비자, 판매자, 운반자들 간의 상호 의존 사례' 등이 이 단원에서 가르치고자 하는 원리들을 설명하는 데 적합한 사실의 예라고 할 수 있다. 그러나 [그림-5]에서 보는 것과 같이, 제7차 3학년 '시장과 우리 생활' 단원에는 그러한 사실적 내용들이 전혀 제시되어 있지 않았다. 이러한 분석 결과는 원리를 설명하는 데 부적합한 사실들이 제시되어 있음을 의미한다.

원리를 설명하는 데 부적합한 사실들이 제시되어 있는 것으로 분석된 경제 단원의 내용을 구조화하여 표로 제시하면 다음과 같다. 〈표-20〉에서 ※로 표시된 내용은 원리를 설명하는 데 부적합한 사실들로 분석된 내용이다. 〈표-20〉에서 제6차 3학년 '시장과 가게' 단원에 제시되어 있는 내용인, 시장과 가게의 종류와 시장과 가게에서 파는 물건과 값은 "물건은 합리적이고 계획적으로 사야 한다"는 원리를 설명하는 데 부적합한 사실들이라고 할 수 있다. 또한 제6차 3학년 '시장 사람들이 하는 일' 단원에 제시되어 있는 옷가게, 과일가게 아저씨가 하는 일, 포도가 우리 손에 들어오는 과정, 컴퓨터 아저 씨의 친절 등의 내용도 "여러 고장에서 생산되는 물건이 시장을 통 해 교환된다"는 원리와 "생활에 필요한 물건은 시장을 통하여 생산 지에서 소비지로 옮겨 간다"는 원리를 설명하는 데 부적합한 사실들 이라고 할 수 있다. 제3차 4학년 '우리 시·도의 자연과 산업' 단원에 제시된 사실들 역시 "자연환경의 차이로 인하여 여러 지역이 상호 의존 관계를 맺고 있다"는 원리를 설명하는 데 부적합하다고 볼 수 있다. 여러 지역 간의 상호 의존 관계를 설명하기 위해서는, 인간 생 활에 필요한 의식주에 관한 사실이나 의식주를 위하여 자연환경을 개발하고 있는 사례, 혹은 여러 지역이 서로 돕고 있는 사례 등이 제시되어야 하나, 실제 교육과정에는 "우리나라의 산업"이라는 주제 하에 우리나라의 농업, 임업, 수산업, 광업 및 공업과 같은 산업의 종 류 및 특징 등이 제시되어 있었다. 교육과정에 제시되어 있는 이러 한 사실적 내용들은 이 단원에서 가르치고자 하는 원리를 설명하는 데 부적합한 것이라고 할 수 있다.

〈표-20〉 부적합한 사실 제시 유형의 예

	제6차 3학년 '시장과 가게'	제6차 3학년 '시장 사람들이 하는 일'	제3차 4학년 '우리 시·도의 자연과 산업'
원리	·물건은 합리적이고 계획적으로 사야 한다.	·여러 고장에서 생산되는 물건은 시장을 통해 교환된다. ·생활에 필요한 물건은 시장을 통하여 생산지에서 소비지로 옮겨 간다.	·자연환경은 인간 생활에 유리하도록 이용·개발될 수 있다 ·각 지방의 생활 특성은 다르며, 이 차이점은 각 지방 간에 긴밀한 상호 관계를 맺게 한다.
개념	·시장 ·가격 ·수입·지출 ·저축	·시장 ·물자 유통	·산업 ·자원 이용 및 개발
사실	·물건 바르게 사는 방법 ·용돈 기입장 ※시장과 가게의 종류 ※시장과 가게에서 파는 물건과 값	※옷가게, 과일가게 아저씨가 하는 일 ※포도가 우리 손에 들어오기까지의 과정 ※컴퓨터 아저씨의 친절	※우리나라의 농업 ※우리나라의 임업, 수산업 ※우리나라의 광업 ※우리나라의 공업

(※ 원리를 설명하는데 부적합한 사실)

이상에서 살펴본 바와 같이, 원리를 설명하는 데 부적합한 사실들이 제시되면, 실제 수업에서 원리를 가르칠 가능성은 적어지게 되고, 결과적으로 사실, 개념, 원리는 구조를 이루지 못하게 된다. 즉 원리와 부적합한 사실들이 제시되면 부적합한 사실 위주로 수업이 진행될 가능성이 많아지게 된다.

다. 사실과 개념만 제시

사실, 개념, 원리가 구조를 이루지 못하는 세 번째 유형은, 원리는 제시되지 않은 채 사실과 개념만 제시되어 있는 것이다. 교육과정에 원리는 제시되지 않고 사실이나 개념만 제시되면, 이 사실과 개념들을 어느 맥락 속에서 가르쳐야 하는지 알 수 없게 만들어 결과적으로 단편적 사실 위주의 수업이 될 가능성이 많아지게 된다. 다음은 사실과 개념만 제시하는 것으로 분석된 제5차 4학년 '서울의 자연과 산업', '의식주 생활', '직업과 모듬살이', 그리고 '분업과 협업'의 4개 단원에 제시된 경제교육 내용을 구조화한 것이다.

[그림-6] 제5차 4학년 경제 단원에 제시된 교육 내용의 구조화

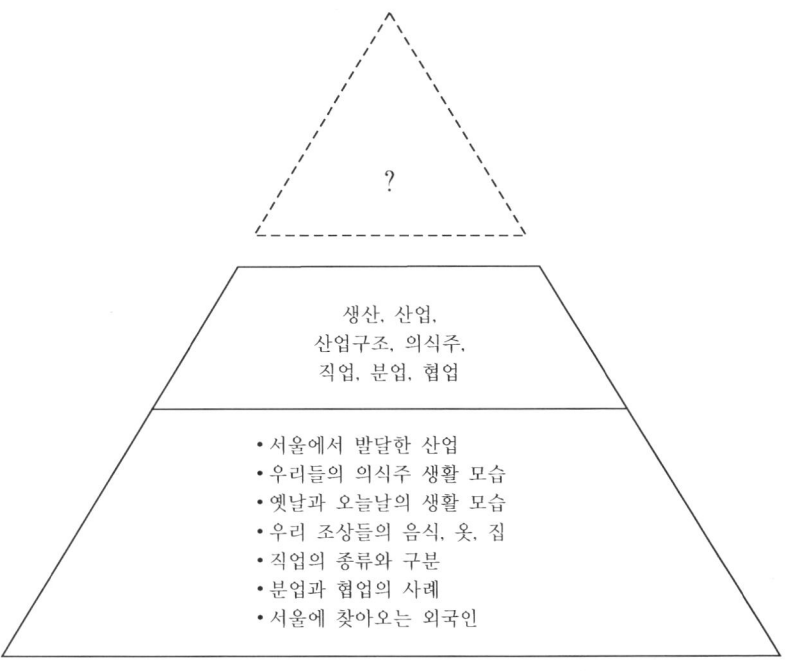

앞의 [그림-6]을 보면, 서울에서 발달한 산업을 포함한 여러 단편적인 사실들과 생산, 산업, 의식주, 직업, 분업, 협업 등의 개념만 제시되어 있고, 이들 내용들을 관련지어 설명하는 원리는 제시되어 있지 않음을 알 수 있다. 이와 같이 교육과정에 원리는 제시되지 않고 사실과 개념만 제시되어 있으면, 이들 내용은 단편적인 사실과 개념 그 자체로 가르쳐질 가능성이 높아진다.

다음은 사실과 개념만 제시되어 있는 것으로 분석된 단원의 경제교육 내용을 구조화한 것이다.

〈표-21〉 사실과 개념만 제시된 유형의 예

교육 내용/ 단원	6차 3학년 '우리에게 필요한 것들'	6차 4학년 '사람과 물자의 이동'	5차 3학년 '우리 고장의 시장' '시장에서 사 온 물건' '한 이웃이 된 여러 고장'
원리			
개념	· 의식주 · 직업	· 물자 유통 · 수출 · 수입	· 시장 · 물자 유통 · 화폐
사실	· 우리에게 필요한 것들 · 음식, 옷, 집이 우리 생활에 주는 도움 · 일의 중요성과 보람	· 우리 시 · 도에서의 물자 이동 모습 · 우리나라에서 나는 음식 · 다른 나라에서 들여오는 것들 · 교통 · 통신의 발달	· 시장에서 파는 물건 · 시장의 종류 및 구실 · 돈이 쓰이는 곳 · 시장을 거쳐 이동하는 물건 · 물건의 생산지

위의 〈표-21〉을 보면, 3개 단원 모두 사실과 개념만 제시되어 있고 원리는 제시되어 있지 않음을 알 수 있다. 제6차 3학년 '우리에게 필요한 것들' 단원에 제시되어 있는 직업의 개념은, 7차 교육과정에서

는 생산과 관련하여 여러 사람들이 다양한 직업을 통해 생산 활동에 참여하고 있다는 것을 가르치는 과정에 제시되어 있다. 그러나 6차 교육과정에는 이 내용이 의식주 단원에 포함되어 있으면서 단지 일에서 어떤 보람을 느끼고 있는가에 대한 내용만이 제시되어 있어 직업이라는 개념이 의식주 단원과 어떻게 관련되는지, 즉 이 내용을 어떤 맥락 속에서 가르쳐야 하는지 알 수 없게 되어 있다. 제6차 4학년 '사람과 물자의 이동' 단원에도 원리는 제시되어 있지 않았다. 즉 우리나라에서 나는 음식물과 다른 나라에서 들여오는 것들이 짤막한 그림으로 제시되어 있을 뿐 이 내용들을 통해 무엇을 가르치고자 하는지는 제시되어 있지 않았다. 5차 3학년 '우리 고장의 시장', '시장에서 사 온 물건', '한 이웃이 된 여러 고장' 단원에도 시장의 종류를 포함하는 여러 단편적 사실과 시장, 물자 유통, 화폐 등의 개념이 제시되어 있고 이들 사실과 개념을 관련지어 설명하는 원리를 제시되어 있지 않았다. 이와 같이 원리는 제시되지 않고 사실과 개념만 제시되면, 그 사실들을 어느 맥락에서 가르쳐야 하는지를 알 수 없게 되고 결과적으로 단편적 사실 위주로 수업이 진행될 가능성이 많아진다.

지금까지의 분석 결과를 종합해 볼 때, 3차에서부터 7차 교육과정에 이르기까지의 총 24개의 경제 단원 중 7차 3학년 '고장 사람들이 하는 일' 단원과 4학년 '시·도의 자원과 생산 활동' 단원을 포함한 5개 단원에 제시되어 있는 경제교육 내용이 구조를 이루고 있었다. 나머지 19개 단원에 제시된 교육 내용은 구조를 이루지 않았는데, 구조를 이루지 않는 유형은 원리 또는 사실이 불충분하게 제시되어 있는 유형, 원리에 부적합한 사실들이 제시되어 있는 유형, 그리고 원리는 제시되지 않고 사실과 개념만 제시되어 있는 유형의 세 가지로 분석되었다.

교육과정에 제시되어 있는 사실, 개념, 원리들이 구조를 이루고 있지 않다는 지금까지의 분석 결과는 교사들과의 면담 및 설문 조사에서도 확인해 볼 수 있었다. 다음은 사회과 교육과정, 교육과정 해설서 및 교사용 지도서에 제시되어 있는 경제교육 내용이 구조를 이루고 있지 않다는 교사들의 의견을 정리한 것이다.

"숲을 알고 나무를 알아야지요. (교육과정에) 좀더 분명하게 배울 내용이 제시되어야 한다고 생각합니다."(성동구 소재 학교 교사)

"무엇이 핵심 내용인지 명료하지 않아 지도하기에 어려움이 너무 많아요."(서초구 소재 학교 교사)

"사회과 가르치기 너무 힘들어요. (교육과정은) 전혀 내용 이해에 도움이 안 되고 있어요. 미안한 말이지만 '사회 완전 정복'을 보았을 정도예요. ……사실, 개념, 원리에 대한 많은 내용을 담아 주세요." (동작구 소재 학교 교사)

"꼭 알아야 할 기본 개념과 원리들을 놓치지 않게 구조화되어 있는 지침서가 필요합니다."(강서구 소재 학교 교사)

"……특히 초임교사에게는 꼭 가르쳐야 할 내용의 구분(사실, 개념 등)이 명료하지 않아 아동에게 내용을 전달하는 데 애로 사항이 되고 있습니다."(강북구 소재 학교 교사)

위에 제시된 숲을 알고 나무를 알아야 한다는 의견이나, 핵심 내용이 명료하지 않다는 의견, 그리고 사실, 개념, 원리에 대한 내용 모두를 담아 달라는 의견 등은 모두 사회과 교육과정과 교육과정 해설서 및 교사용 지도서에 단편적인 사실 위주의 교육 내용이 제시되어 있음을 지적하는 것들이다. 즉 이들 의견들은 단편적인 사실을 통해 설명하고자 하는 경제교육의 기본 개념이나 원리 등이 교육과정에 명료하게 제시되어 있지 않음을 지적하는 것으로, 이러한 의견은 곧 사회과 교육과정에 제시되어 있는 경제교육 내용이 구조를 이루지 않음을 의미하는 것으로 볼 수 있다.

C. 학습 활동 제시 여부

제3, 4, 5, 6, 7차 사회과 교육과정, 교육과정 해설서 및 교사용 지도서에 경제교육의 기본 개념과 원리를 가르치기 위해 필요한 세 가지 학습 활동이 경제교육의 사실, 개념, 원리와 함께 제시되어 있는지를 분석한 결과는 다음과 같다.

1. 세 가지 학습 활동의 제시 여부

다음의 〈표-22〉와 〈표-23〉은 제3, 4, 5, 6, 7차 초등학교 3·4학년 사회과 교육과정, 교육과정 해설서 및 교사용 지도서에 제시되어 있는 세 가지 학습 활동을 분석한 것이다.

〈표-22〉 초등학교 3학년 사회과 교육과정에 제시되어 있는 학습 활동

	정보 수집 및 활용 활동	문제 해결 및 사고 활동	참여 활동
3차 교육과정	·관찰, 견학, 조사하기 ·자료 정리하기		
4차 교육과정	·관찰, 견학, 조사하기 ·다양한 자료 정리, 분류하기 ·정보를 지도로 나타내기	·여러 현상 관련지어 관계 파악하기	
5차 교육과정	·관찰, 견학, 조사하기 ·다양한 자료 정리, 분류하기 ·정보를 지도로 나타내기	·여러 현상 관련지어 관계 파악하기	
6차 교육과정	·관찰, 견학, 조사하기 ·보고서 작성하기 ·정보를 지도로 나타내기	·여러 현상 관련지어 관계 파악하기	
7차 교육과정	·조사 계획 수립하기 ·관찰, 견학, 조사하기 ·보고서 작성하기 ·여러 자료 수집, 분류, 도표화하기	·여러 현상 관련지어 관계 파악하기	·일상생활에서 고장의 문제 해결을 위해 노력하기

(제7차 초등학교 3학년 사회과 교육과정에 제시되어 있는 학습 활동이 어떻게 분석되었는지는 〈부록 4〉에 보다 자세하게 기술함).

〈표-23〉 초등학교 4학년 사회과 교육과정에 제시되어 있는 학습 활동

	정보 수집 및 활용 활동	문제 해결 및 사고 활동	참여 활동
3차 교육과정	·지도, 통계, 사진 등의 자료 해석하기	·여러 현상 관련지어 고찰하기	
4차 교육과정			
5차 교육과정	·지도, 통계, 사진 등의 자료 수집하기	·자기 시·도의 발전을 위하여 해결해야 될 문제 찾아보기	
6차 교육과정	·자료를 조사하여 지도나 도표로 나타내기		·주민으로서의 역할 수행하고 책임 준수하기
7차 교육과정	·지도, 도표 등의 자료 해석하기 ·자료 조사, 수집, 정리하기	·문제 해결을 위한 근거 제시하기	

(제7차 초등학교 4학년 사회과 교육과정에 제시되어 있는 학습 활동이 어떻게 분석되었는지는 〈부록 4〉에 보다 자세하게 기술함).

앞의 두 표에 의하면, 3차에서부터 6차 교육과정에 이르기까지 대체적으로 3·4학년 모두 정보 수집 및 활용 활동을 중심으로 문제 해결 및 사고 활동과 참여 활동이 각각 하나씩 제시되어 있음을 알 수 있다. 즉 정보 수집 및 활용 활동과 문제 해결 및 사고 활동 또는 정보 수집 및 활용 활동과 참여 활동으로 대개 두 가지 학습 활동이 제시되어 있음을 알 수 있다. 그러나 7차 3학년 교육과정에는 세 가지 학습 활동이 모두 제시되어 있어 7차 교육과정에는 학습 활동이 명료하게 제시되어 있다고 볼 수 있다.

세 가지 활동을 비교해서는 정보 수집 및 활용 활동이 가장 많이 제시되어 있었다. 그리고 정보 수집 및 활용 활동의 하위 유목 또한 3, 4, 5, 6, 7차 교육과정으로 올라오면서 매우 다양하게 제시되어 있다. 예컨대 3차 교육과정에는 관찰, 견학, 조사하기, 자료 수집하기 활동만 제시되어 있고 4·5·6차 교육과정에는 정보를 지도로 나타내기 활동이 추가되어 있고, 7차 교육과정에는 보고서 작성하기, 여러 자료 수집, 분류, 도표화하기 등의 활동이 추가되어 있었다.

문제 해결 및 사고 활동 역시 3, 4, 5, 6, 7차 교육과정으로 올라오면서 하위 유목이 다양하게 제시되어 있음을 알 수 있다. 즉 3학년에서는 문제 해결 및 사고 활동의 하위 유목으로 여러 현상 관련지어 고찰하기 활동이 주로 제시되어 있지만, 4학년에서는 자기 시·도의 발전을 위하여 해결해야 될 문제 파악하기와 문제 해결을 위한 근거 제시하기 활동이 추가로 제시되어 있었다.

참여 활동은 3, 4, 5차 교육과정에는 제시되어 있지 않고 6차와 7차 교육과정에만 제시되어 있으며, 그 하위 유목도 매우 단순하게 제시되어 있었다. 즉 고장의 문제 해결을 위해 노력하기와 주민으로

서의 역할 수행하기 활동이 제시되어 있는데, 4학년 수준에서 참여
활동은 문제 해결 및 의사 결정을 위한 집단 작업 및 토의에 참여하
기 등의 하위 활동이 제시되어야 한다.

2. 학습 활동과 내용과의 관련

수업에서 제공되어야 할 학습 활동과 내용이 함께 제시되어 있는
지의 여부는 각 교육과정별로 교육과정과 해설서 및 지도서를 구분
하여 분석하기로 한다. 다음의 〈표-24〉는 제3, 4, 5, 6, 7차 사회과
교육과정과 해설서 및 지도서에 학습 활동과 내용과 함께 제시되어
있는지를 분석한 표이다.

〈표-24〉 사회과 교육과정과 해설서 및 지도서에 학습 활동과 내용이 함께
제시되어 있는지의 여부

	3차 교육과정	4차 교육과정	5차 교육과정	6차 교육과정	7차 교육과정
교육과정	△	△	△	×	○
교육과정 해설서	△	·	×	×	○
교사용 지도서	·	·	·	×	○

('·' 표시는 분석되지 않은 표시임)

앞의 〈표-24〉에서 '○'는 학습 활동과 내용이 함께 제시되어 있다
는 표시이다. '△'는 학습 활동이 내용과 함께 제시되어 있기는 하지
만 내용이 불충분하게 제시되어 있다는 표시이고, '×'는 학습 활동과

내용이 함께 제시되어 있지 않다는 표시이다. 이 표에 의하면, 제7차 사회과 교육과정과 해설서 및 지도서에는 학습 활동이 내용과 함께 제시되어 있는 것으로 분석되어, 3, 4, 5, 6차 교육과정과 비교할 때, 제7차 교육과정에는 경제교육의 기본 개념과 원리를 가르치기 위해 수업에서 제공해야 할 학습 활동이 명료하게 제시되어 있다고 볼 수 있다.

다음은 학습 활동과 내용이 함께 제시되어 있는 것으로 분석된 제7차 사회과 교육과정 4학년 1단원 중의 일부이다.

〈사례 3〉
제7차 4학년 사회과 교육과정 '시·도의 자원과 생산 활동' 단원

우리 지역의 자연·인문 환경에 관한 지도, 도표 등의 자료를 통하여 우리 지역의 자연과 생활 모습의 특징을 찾아낸다. 또 우리 지역의 여러 자원과 생산 활동, 물자 유통 등에 관한 자료를 수집하여 지역의 자원과 생산 활동의 관계, 물자 유통 및 상호 의존 관계를 파악한다. 나아가 우리 지역의 자원을 효율적으로 이용하고 보존하려는 태도를 가진다.
(나) 지역의 자원과 생산 활동
  ① 우리 지역의 경제에서 비중이 큰 몇 가지 생산 활동을 선정하여, 각각의 생산 활동과 자원 간의 관계를 조사한다.
  ② 우리 지역의 생산물 중에서 외국에 수출되는 것을 조사하여 우리 지역과 외국과의 관계를 이해한다.
  ③ 공공 서비스의 사례를 조사하여 지역경제에서 자치단체의 역할을 설명한다(26).

위에 제시된 것을 보면, 학습 활동이 "~ 자료를 수집하여 ~ 관계를 파악한다", 또는 "~ 자료를 조사하여 ~ 설명한다"는 방식으로 제시되어 있음을 알 수 있다. "우리 지역의 여러 자원과 생산 활동, 물자 유통 등에 관한 자료를 수집하여 지역의 자원과 생산 활동의 관계, 물자 유통 및 상호 의존 관계를 파악한다"는 문장을 예로 들어 설명하면, 이러한 제시 방식은, 여러 지역에서 나는 자원과 생산 활동, 유통되는 물자와 같은 여러 자료들을 수집, 분석, 종합하고 관련지어 그 관계의 근거를 제시해 보는 활동을 통해 자원과 생산 활동, 물자 유통 간에는 밀접한 관계가 있다는 것을 학습해야 한다는 것을 제시하고 있다는 점에서, 학습 활동이 내용과 함께 제시되어 있는 방식으로 분석해 볼 수 있다. 학습 활동이 이와 같이 내용과 함께 제시되면, 수업에서 다루어야 할 구체적인 사실적 내용을 어떤 활동을 통해 가르쳐야 하며, 또한 궁극적으로 여러 사실적 내용이 어떤 개념과 원리와 관련되는지를 명료하게 제시해 준다고 볼 수 있다. 즉 '자원과 생산 활동과의 관계'를 어떤 구체적인 학습 내용을 가지고 어떤 활동을 통해 가르칠 것인가에 대한 보다 실제적인 지침을 제공해 준다고 볼 수 있다. 경제교육 내용을 구성하는 여러 사실, 개념, 원리 등을 단지 교사의 강의로 학생들에게 전달하는 것이 아니라 실제 그러한 내용을 탐구하고 다른 상황에 적용 또는 응용하는 활동을 통해 가르칠 수 있는 기회를 제공해 줄 수 있는 제시 방식이라 할 수 있다.

제7차 사회과 교사용 지도서 역시 학습 활동과 내용이 함께 제시되어 있는 것으로 분석되었다. 다음의 사례는 제7차 사회과 교사용 지도서 4학년 1단원 중 일부이다.

〈사례 4〉

제7차 4학년 사회과 교사용 지도서 '서로 돕는 경제생활' 단원

　　"……학생들은 우리 지역의 생산 활동의 사례를 찾아보고 수집하는 과정을 통하여 생산의 의미를 다시 한번 확인할 수 있다. 교사는 학생들이 조사하는 사례나 교과서의 사례를 이용하여 살아 있는 분업의 현장을 하나씩 확인해 줄 수 있다. 이때 교사는 과거의 분업, 즉 한 가지 물건을 나르는 데 여러 사람들이 있다는 단순한 분업의 의미를 벗어나 생산 활동에서 다양화되고 전문화된 현대적 의미의 분업을 생각하고 가르쳐야 한다……"(150).

위에 제시된 〈사례 4〉는 학습 활동이 내용과 함께 제시되어 있다고 볼 수 있다. 즉 〈사례 4〉는 지역의 생산 활동의 사례를 찾아보고 정보를 수집하는 과정을 통하여, 생산이 다양해지고 전문화될수록 분업이 발달하며, 이러한 현대 사회에서의 분업은 과거의 단순한 분업의 의미보다 넓어진 것임을 학습하게 한다는 점이 제시되어 있다는 점에서, 가르치고자 하는 내용과 이를 위해 수업에서 제공해야 되는 학습 활동이 함께 제시되어 있는 것으로 볼 수 있다. 학습 활동이 이와 같은 방식으로 제시되면, 앞의 〈사례 3〉에서 지적했듯이, 수업에서 가르쳐야 하는 구체적인 학습 내용은 무엇이며, 이 내용은 어떤 활동을 통해 가르쳐야 하며, 또한 궁극적으로 이들 사실적 내용은 어떤 개념과 원리와 관련되는지를 명료하게 제시해 준다고 볼 수 있다.

다음으로는 〈표-24〉에서 '△'로 표시된 제3, 4, 5, 6차 사회과 교육과정에는 학습 활동과 내용이 어떤 방식으로 제시되어 있는지를 살

펴보기로 한다. 제5차 3학년 사회과 교육과정 '우리들의 생활과 자연의 이용' 단원을 통해 학습 활동과 내용의 제시 방식을 살펴보면 다음과 같다.

〈사례 5〉

제5차 3학년 사회과 교육과정 '우리들의 생활과 자연의 이용' 단원

　가) 우리들의 생활과 자연
　　고장 사람들의 의식주 생활 모습을 관찰하고, 자연의 이용에 관한 사례를 통하여 물자의 생산과 유통, 분업의 의미와 상호 의존의 필요성을 파악시키며, 고장의 자원 개발과 보전의 필요성을 깨닫게 한다.
　　(1) 우리들의 의식주 생활
　　　(가) 의식주 생활에 필요한 것
　　　(나) 의식주 문제 해결을 위한 여러 가지 활동
　　(2) 서로 돕고 사는 경제생활
　　　(가) 서로 다른 일을 하는 사람들
　　　(나) 직업의 다양성과 상호 의존
　　　(다) 일의 분업과 협업
　　(3) 자연의 이용과 보전
　　　(가) 자연환경에 적응하여 살아가는 모습
　　　(나) 자연의 효율적인 이용을 위한 노력
　　　(다) 자연의 보전(p.63)

위의 〈사례 5〉를 보면, '단원 목표'에는 학습 활동과 내용이 함께 제시되어 있고 '단원 내용'에는 수업에서 다루어질 구체적인 사실적 내용들이 요목화되어 제시되어 있음을 알 수 있다. 교육 내용 및 학습 활동이 이와 같은 방식으로 제시되면, 수업에서의 구체적인 학습

내용과 학습 활동, 그리고 그 수업을 통해 가르치고자 하는 개념과 원리가 실제 어떻게 관련되는지를 파악하기 어렵다. 즉 분업의 의미와 상호 의존의 필요성을 구체적으로 어떤 학습 내용으로, 어떤 활동을 통해 가르쳐야 하는지를 파악하기 어렵게 된다. 그러므로 학습 활동과 내용 간의 관련성을 보다 명료하게 제시하기 위해서는, 단원 목표와 단원 내용에서의 제시 방식을 동일하게 하든지 아니면 단원 목표와 단원 내용을 묶어 함께 제시하는 것이 바람직하다고 보인다. 즉 제7차 교육과정에서처럼, 단원 내용에도 학습 활동을 제시하거나 혹은 단원 목표나 내용을 함께 묶어 제시하는 것이 수업에서 다루어야 할 구체적인 사실적 내용을 어떤 활동을 통해 가르쳐야 하며 또한 궁극적으로 이들 사실적 내용은 어떤 개념과 원리와 관련되는지를 명료하게 제시해 준다고 볼 수 있다.

　다음으로 〈표-24〉에서 'ⅹ'로 분석된 6차 사회과 교육과정과 해설서 및 지도서에는 학습 활동과 내용이 어떻게 제시되어 있는지를 살펴보기로 한다. 제6차 3학년 사회과 교사용 지도서 '우리에게 필요한 것들' 단원을 통해 학습 활동과 내용의 제시 방식을 살펴보면 다음과 같다.

〈사례 6〉
제6차 3학년 사회과 교사용 지도서 '우리에게 필요한 것들' 단원

　살아가는 데 꼭 필요한 것들 알아보기
　음식, 옷, 집이 주는 도움에 대하여 소집단 토의하기
　고장 사람들이 하고 있는 일과 어려움 알아보기
　일을 통해 얻는 것 토의하기

자원 인사 초빙하기(158).

위의 〈사례 6〉에서 볼 수 있듯이, 제6차 사회과 교육과정, 해설서 및 지도서에는 내용이 먼저 제시되고 번호를 달리하거나 문장을 달리하여 학습 활동이 제시되어 있었다. 즉 학습 활동과 내용이 서로 무관하게 제시되어 있었다. 이와 같이 학습 활동과 내용이 서로 독립적으로 제시되는 방식에서의 가장 큰 문제점은 교육과정에 제시되어 있는 활동이 어떤 활동을 의미하는지 정확히 알 수 없다는 것이다. 즉 "……을 알아보기"나 "……토의하기"가 단지 정보를 수집하는 활동에 해당하는 것인지 아니면 문제를 해결해 가는 활동의 하위 유목에 해당하는 것인지를 명확하게 알 수 없다는 것이다. 예컨대 음식, 옷, 집이 주는 도움에 대한 토의는 그것 자체로는 정보의 수집 활동에 해당하지만, 의식주가 사람들이 살아가는 데 가장 기본적인 것임을 이해하기 위한 활동으로 활용되면, 여러 현상 및 사실들을 서로 관련지어 종합하는 문제 해결 및 사고 활동에 해당한다. 이와 같이 학습 활동이 그 활동을 통해 학습하도록 하는 내용과 함께 제시되지 않으면, 수업에서 그 활동을 어떤 맥락에서 해야 하며, 이를 통해 무엇을 학습하고자 하는지를 명확히 알 수 없게 된다. 이런 점을 고려할 때 학습 활동을 명료하게 제시하기 위해서는 그 활동을 통해 무엇을 학습하도록 할 것인지, 다시 말하면 내용과 함께 제시하여야 한다.

사회과 교육과정과 해설서 및 지도서에 학습 활동이 명료하게 제시되어 있는지를 분석한 지금까지의 결과를 정리하면, 제7차 교육과정에는, 제3, 4, 5, 6차 교육과정과 비교하여 세 가지 학습 활동이 명료하게 제시되어 있었다. 특히 정보를 수집하고 활용하는 활동은 매우 다양한 하위 유목으로 자세하게 제시되어 있었으며, 문제를 해결해 가는 활동 역시 다양한 하위 유목이 제시되어 있었다. 참여 활동은 상대적으로 단순한 수준으로 제시되어 있는 것으로 분석되었다. 그리고 학습 활동과 내용이 함께 제시되어 있는지를 분석한 결과, 제7차 사회과 교육과정과 해설서 및 지도서에는 학습 활동과 내용이 함께 제시되어 있었다. 학습 활동이 이와 같이 내용과 함께 제시되면, 수업에서 다루어야 할 구체적인 사실적 내용을 어떤 활동을 통해 가르쳐야 하며, 또한 궁극적으로 여러 사실적 내용이 어떤 개념과 원리와 관련되는지를 명료하게 제시해 준다고 볼 수 있다. 학습 활동과 내용이 함께 제시되지 않은 방식은 학습 활동과 내용이 번호를 달리하거나 문장을 달리하여 서로 무관하게 제시되거나 혹은 내용이 구체적으로 제시되지 않은 방식이었다.

Ⅴ. 경제교육 내용의 중요도에 대한 교사
   인식과 실제 수업에서 가르쳤다고
   인식하는 경제교육 내용

A. 연구 방법

경제교육 내용을 이루는 사실, 개념, 원리 등을 교사들이 실제 어느 정도 중요하게 인식하고 있는지, 실제 수업에서 교사들이 가르쳤다고 인식하는 내용은 무엇인지를 분석하기 위하여 설문지 조사 방법이 사용되었다.

1. 설문지 조사 대상

이 연구는 서울특별시에 소재하고 있는 초등학교 3·4학년 교사들을 모집단으로 하고, 1997년 현재『한국교육명부』에 기재되어 있는 서울특별시 초등학교 목록에 근거하여 강남, 강서, 남부, 동부, 동작, 북부, 서부, 성동, 성북, 중부의 11개 교육청별로 지역을 구분한 표집을 하였다. 이러한 과정을 거쳐 총 41개교 580여 명의 3·4학년 교사들에게 설문지가 배포되었다. 질문지를 회수하고 무응답률이 높은 응답지를 배제하는 절차를 통해 최종적으로 500명 교사들의 응답이 자료처리 되었다. 표집된 교사들의 학년별, 성별 분포는 〈표-25〉와 같다.

〈표-25〉 학년별 교사들의 성별 분포

학년/성별	남자	여자	계
3학년	41(16.8)	203(83.2)	244(100.0)
4학년	43(16.8)	213(83.2)	256(100.0)
계	84(16.8)	416(83.2)	500(100.0)

이하 ( )는 %

　표집대상 가운데 남자 교사는 84명으로 전체의 16.8%를 차지하였고, 여자 교사는 416명으로 83.2%를 차지하여, 여자 교사의 비율이 남자 교사 비율의 약 5배 정도 많았다. 이러한 비율은 학년별 교사들의 성별 분포와도 거의 일치한다.

　둘째, 교사들의 교직 경력에 따른 분포는 〈표-26〉과 같다.

〈표-26〉 학년별 교사들의 교직 경력에 따른 분포

교직경력/학년	3학년	4학년	계
5년 미만	47(19.3)	58(22.7)	105(21.0)
5~9년	40(16.5)	43(16.8)	83(16.6)
10~14년	39(16.0)	47(18.4)	86(17.2)
15년 이상	117(48.1)	108(42.2)	225(50.1)
계	243(99.6)	256(100.0)	499(99.8)

(3학년 1명 누락)

　표집 대상의 교직 경력별 분포를 보면, 3·4학년 교사 모두 15년 이상의 오랜 경력을 지닌 교사가 48.1%와 42.2%로 가장 많았다. 그 다음으로는 3학년의 경우 5년 미만의 젊은 교사들이 19.3%를 차지하고 있고, 4학년의 경우는 10~14년 경력의 교사가 18.4%를 차지하고 있어 3학년 교사들이, 4학년 교사들에 비해, 교직 경력이 조금 낮다고 할 수 있다.

2. 설문지 작성 절차

예비 조사를 위한 설문지는 2001년 5월 마지막 주부터 6월 마지막 주까지 두 가지 종류로 작성되었다. 1차 설문지(〈부록 5, 6〉 참조)는 제7차 초등학교 3학년과 4학년 사회과 교과서 및 교육과정, 교육과정 해설서, 교사용 지도서에 제시되어 있는 경제교육 내용만으로 구성된 설문지이고, 2차 설문지는 첫 번째 설문지에 제시되어 있는 경제교육 내용에 문헌 연구 결과 고찰된 경제교육 내용을 추가(〈부록 7〉 참조)하여 구성된 설문지이다. 설문지를 이와 같이 두 종류로 작성한 것은, 문헌 연구를 통해 고찰된 경제교육 내용에 대한 교사들의 의견이 나오지 않을 수도 있다는 점 때문이었다. 즉 문헌 연구를 통해 고찰된 경제교육 내용이 기본적이면서도 중요한 교육 내용이지만, 교육과정과 해설서 및 지도서를 통해 접하지 못했다는 이유로 교사들이 이해하고 답하는 데 어려움이 있을지도 모른다는 점 때문이었다. 이러한 점을 고려하여 교육과정에 제시되어 있는 내용만으로 구성된 1차 설문지와 문헌 연구를 통해 고찰된 내용을 포함하는 2차 설문지 두 종류를 만들어 강남과 강북의 각각 한 개 학교에서 예비 조사를 실시하였다. 예비 조사 시 가장 중점을 둔 것은 1차 설문지와 2차 설문지를 분석한 결과 간의 차이였다. 예비 조사 결과 1·2차 설문지를 분석한 결과에는 큰 차이가 없었으며(〈부록 8〉 참조), 이에 따라 2차 설문지를 본 조사를 위한 설문지로 사용하였다 (〈부록 9〉, 〈부록 10〉 참조).

본 조사를 위한 설문지는 2001년 7월 4일부터 18일까지 약 2주간에 걸쳐 배포·회수되었다. 설문지를 배포하고 회수하는 과정에는 연구자 외에 교육학을 전공하는 3명의 보조 연구자가 참여하였다. 이들 보조 연구자들에게는 이 연구의 목적과 의의 및 설문지 조사를 하는 이유에 대한 사전 교육을 하루에 걸쳐 실시하였다. 또한 이 연구에서 분석하고자 하는 경제교육 내용인 개념과 원리를 가르친다는 것이 무엇인지에 대한 교육을 실시하였다. 개념과 원리를 가르친다는 것의 의미는 설문지에 답하기 위해서는 반드시 알아야 할 의미로 설문지 자체에 제시해 놓았지만, 설문지 작성 과정에서 교사들이 이에 대한 질문을 하게 될 경우에 대비하여 문헌 연구로 고찰된 개념과 원리를 가르친다는 것의 의미에 대한 교육을 사전에 실시하였다. 끝으로 설문지 배포 시기가 1학기 말인 점을 고려하여 최대한 교사들에게 방해되지 않도록 신중을 기해야 한다는 것을 교육하였다. 4명의 연구자 각자가 설문지를 배포할 교육청을 결정하고 설문지 회수율을 높이기 위하여 설문지를 배포한 후 가능한 한 빠른 시일 내에 연구자가 직접 해당 학교에 가서 회수하도록 하였다. 설문지는 3학년 290부, 4학년 290부로 총 580부가 배포되었으며, 회수된 설문지는 3학년 244부, 4학년 256부로 86.2%의 회수율을 보였다.

이 연구에서 사용된 설문지는 크게 네 영역으로 구분된다. 첫째는 사실, 개념, 원리의 중요도에 대한 교사들의 인식 정도를 확인하는 영역이다. 질문지의 각 문항은 5단계 평정 척도에 의해 응답하도록 작성되었는데, '매우 중요하다'에 5, '약간 중요하다'에 4, '보통이다'에 3, '별로 중요하지 않다'에 2, 그리고 '전혀 중요하지 않다'에 1을 표시하도록 하였다. 두 번째 영역은 교사들이 수업에서 가르쳤다고 인식하는 경제교육 내용을 확인하는 영역이다. 질문지의 각 문항은 해당 문항을 실제 수업에서 가르쳤다고 인식하면 "○", 가르치지 않았다고 인식하면 "×"로 응답하도록 작성되었다. 세 번째 영역은 사회과 교육과정, 교육과정 해설서 및 교사용 지도서에 제시되어 있는 교육 내용의 명료성 정도에 대한 교사들의 인식을 확인하는 영역이다. 질문지의 각 문항은 5단계 평정 척도에 의해 응답하도록 작성되었다. 즉 '매우 명료하다'는 5, '약간 명료하다'는 4, '보통이다'는 3, '별로 명료하지 않다'는 2, '전혀 명료하지 않다'는 1을 표시하도록 하였다. 끝으로 네 번째 영역은 사회과 교육과정, 교육과정 해설서, 교사용 지도서 및 교과서를 교사들이 수업에서 참조하는 정도를 확인하는 영역이다. 마찬가지로 질문지의 각 문항은 5단계 평정 척도에 의해 응답하도록 작성되었고, '적극 참조한다'는 5, '약간 참조한다'는 4, '보통이다'는 3, '별로 참조하지 않는다'는 2, '전혀 참조하지 않는다'는 1에 표시하도록 하였다.

3. 자료 분석 방법

첫째, 교육과정, 교육과정 해설서 및 교사용 지도서에 제시되어 있는 교육 내용의 중요도, 명료성 정도 및 수업에서의 참조 정도에 대한 교사들의 인식을 알아보기 위하여 다음과 같이 평균과 표준편차를 산출하였다.

① 질문지 각 문항의 중요도에 대한 교사 인식의 평균 표준편차
② 사실, 개념, 원리의 중요도에 대한 교사 인식의 평균과 표준편차
③ 교육과정에 제시되어 있는 내용과 제시되지 않은 내용의 중요도에 대한 교사 인식의 평균과 표준편차

④ 사실, 개념, 원리를 포함하는 명제적 지식과 학습 활동의 중요도
   에 대한 교사 인식의 평균과 표준편차
⑤ 수업에서 교사들이 교육과정, 교육과정 해설서 및 교사용 지도서
   를 참조하는 정도의 평균과 표준편차
⑥ 교육과정, 교육과정 해설서 및 교사용 지도서에 제시되어 있는
   교육 내용의 명료성 정도에 대한 교사 인식의 평균과 표준편차

둘째, 실제 수업에서 가르쳤다고 인식하는 교육 내용을 분석하기
위하여 각 문항별로 빈도를 집계하여 백분율을 산출하였다. 또한 그
백분율의 평균을 산출하여 전체적인 경향성을 파악하였다.

① 질문지 각 문항을 수업에서 가르쳤다고 인식하는 교사 비율과 평균
② 사실, 개념, 원리를 수업에서 가르쳤다고 인식하는 교사 비율과 평균
③ 교육과정에 제시되어 있는 내용과 제시되지 않은 내용을 수업에
   서 가르쳤다고 인식하는 교사 비율과 평균
④ 학습 활동에 의해 교육 내용을 가르쳤다고 인식하는 교사 비율과 평균

B. 경제교육 내용의 중요도에 대한 교사들의 인식

여러 경제적 사실, 개념, 원리 및 학습 활동의 중요도에 대한 교사
들의 인식과 실제 수업에서 교사들이 가르쳤다고 인식한 경제교육
내용 및 학습활동을 분석한 결과는 다음과 같다.

1. 사실, 개념, 원리 비교

다음의 〈표-27〉은 사실, 개념, 원리의 중요도에 대한 교사들의 인식 정도를 정리한 것이다.

〈표-27〉 사실, 개념, 원리의 중요도에 대한 교사들의 인식 정도

		사실	개념	원리
3학년	생산	3.95(0.63)	3.58(0.69)	3.98(0.57)
	시장	4.24(0.50)	3.94(0.64)	3.93(0.65)
	평균	3.89(0.44)	3.80(0.55)	3.96(0.55)
4학년	생산	3.89(0.57)	3.90(0.56)	4.10(0.58)
	시장	3.94(0.65)	4.02(0.62)	4.03(0.70)
	국제경제	3.72(0.74)	3.96(0.77)	3.91(0.80)
	평균	3.88(0.52)	3.96(0.53)	4.05(0.57)
전체 평균		3.88(0.48)	3.88(0.54)	4.01(0.56)

(이하 표에서의 ( )는 표준편차를 말함)

앞의 표를 보면, 초등학교 3·4학년 교사들은 사실(3.88), 개념 (3.88), 원리(4.01)를 모두 중요하게 인식하는 것으로 나타났다. 그중에서 특히 원리를 중요하게 인식하고 있었는데, 이를 교육 내용 영역별로 보다 자세하게 살펴보면 다음과 같다. 즉 3학년 '시장' 단원에 제시된 원리의 중요도에 대한 인식 정도는 3.98, 4학년 '생산' 단원에 제시된 원리의 중요도에 대한 인식 정도는 4.10, 그리고 '시장' 단원에 제시된 원리의 중요도에 대한 인식 정도는 4.03으로 매우 높게 나타났다. 그러나 국제경제에 관한 내용 중에는 개념을 가장 중요하게 인식하고 있었고(3.96), 3학년 시장에 관한 내용 중에는 사실을

가장 중요하게 인식하고 있었다(4.24)(사실, 개념, 원리의 모든 내용의 중요도에 대한 교사들의 인식 정도는 〈부록 11〉, 〈부록 12〉 참조).

2. 교육과정에 제시되어 있는 내용과 제시되지 않은 내용 비교

다음의 〈표-28〉은 사회과 교육과정과 해설서 및 지도서에 제시되어 있는 내용과 그렇지 않은 내용의 중요도에 대한 교사들의 인식 정도를 분석한 것이다. 여기서 교육과정에 제시되지 않은 내용이란, 이 책에서 초등학교 3·4학년 경제교육 내용으로 선정된 내용 중 제7차 교육과정에 제시되지 않은 내용을 말한다. 〈표-28〉에 의하면, 3·4학년 교사 모두 제시되어 있는 내용과 제시되지 않은 내용 모두 매우 중요하게 인식하는 것으로 나타났다. 즉 교육과정에 제시되어 있는 내용의 중요도에 인식 정도는 3.99였고, 제시되지 않은 내용의 중요도에 대한 인식 정도는 3.88로 모두 높게 나왔다. 이러한 결과는 교육과정에 제시되지 않은 내용도 매우 중요한 교육 내용으로 인식하고 있다는 것으로, 교육과정에 제시되어야 하는 경제교육 내용에 대한 보다 심도 있는 고찰이 요구됨을 시사한다.

〈표-28〉 교육과정에 제시되어 있는 내용과 제시되지 않은 내용의
중요도에 대한 교사들의 인식 정도

제시 여부	3학년	4학년	계
제시되어 있는 내용	3.93(0.52)	4.05(0.53)	3.99(0.53)
제시되지 않은 내용	3.81(0.56)	3.95(0.57)	3.88(0.57)

다음으로 교육과정에 제시되어 있는 내용과 제시되지 않은 내용의 중요도에 대한 교사들의 인식 정도를 보다 구체적으로 살펴보기로 한다. 다음의 〈표-29〉를 보면, 3학년 교사들은 교육과정에 제시되어 있는 내용과 제시되지 않은 내용 모두 중요하게 인식하고 있음을 알 수 있다(3.93, 3.81). '시장과 우리 생활' 단원을 보다 구체적으로 분석해 보면, 교육과정에 제시되어 있는, "시장에서는 물건이 유통되는 가운데 물건 생산자, 물건 소비자, 물건 판매자, 물건 운반자 등이 서로 관련을 맺고 있다"는 원리와 "시장은 물자의 유통을 통하여 고장을 하나의 통합된 생활공간으로 결합시켜 준다"는 원리, 그리고 "우리 고장은 시장에서의 물자 유통을 통하여 다른 고장과 상호 의존 관계를 맺고 있다"는 원리의 중요도에 대한 인식 정도는 각각 4.10, 3.86, 4.06으로 매우 높게 나타났다. 그리고 교육과정에 제시되지 않은 "개별 생산자들은 그들의 기본적 필요를 만족시키기 위하여 다른 사람과 교환한다"는 원리와, "생산된 생산물은 시장에서의 교환을 통해 소비자에게 배분된다"는 원리, "시장에서는 상품을 팔려는 사람과 사려는 사람이 만족하게 되는 가격이 결정된다"는 원리, "시장은 요구와 자원 간의 불균형을 해소하기 위한 배분체계로 인간의 경제활동의 중심이 되며, 시장에서의 교환을 통한 경제적 상호 의존성은 증대되어 왔다"는 원리의 중요도에 대한 인식 정도 역시 각각 3.97, 4.07, 3.80, 3.70으로 높게 나왔다.

〈표-29〉 교육과정에 제시되어 있는 내용과 제시되지 않은 내용의
중요도에 대한 3학년 교사들의 인식 정도

제시되어 있는 내용	중요도에 대한 인식 정도	제시되지 않은 내용	중요도에 대한 인식 정도
· 생산, 생산 요소	3.60(0.86)	· 희소성	3.26(0.95)
· 산업, 산업구조	3.57(0.96)	· 가격	3.95(0.81)
· 자원, 자연 자원, 인적 자원	3.91(0.84)		
· 의식주	4.04(0.82)		
· 시장	4.18(0.73)		
· 수요 · 공급	3.73(0.91)		
· 물자 유통	3.82(0.86)		
· 다양한 직업은 고장의 환경과 밀접한 관계를 가진다.	4.35(0.74)	· 인간이 이용할 수 있는 자원은 제한되어 있다.	4.10(0.97)
· 지역의 사람들은 지역의 자원을 효율적으로 이용하는 생산 활동을 한다.	4.26(0.77)	· 생산은 생산 요소의 기술적인 결합을 통해 다양한 형태로 이루어지며, 경제규모와 생활 수준에 큰 영향을 미친다.	3.65(1.00)
· 각국의 산업구조는 1차 산업에서 2차, 3차 산업을 거쳐 이행해 가고 있다.	3.41(1.04)	· 개별 생산자들은 그들의 기본적 필요를 만족시키기 위하여 다른 사람들과 교환한다.	3.97(0.87)
· 산업 발달은 고장의 인문 및 자연환경과 밀접한 관련을 맺고 있다.	4.09(.081)	· 생산된 생산물은 시장에서의 교환을 통해 소비자에게 배분된다.	4.07(0.80)
· 시장에서는 물건이 유통되는 가운데 물건 생산자, 물건 소비자, 물건 판매자, 물건 운반자 등이 서로 관련을 맺고 있다.	4.10(0.80)	· 시장에서는 상품을 팔려는 사람과 상품을 사려는 사람이 만족하게 되는 가격이 결정된다.	3.80(0.87)
· 시장은 물자의 유통을 통하여 고장을 하나의 통합된 생활공간으로 결합시켜 준다.	3.86(0.84)	· 시장은 요구와 자원 간의 불균형을 해소하기 위한 배분체계로 인간의 경제활동의 중심이 되며, 시장에서의 교환을 통한 경제적 상호 의존성은 증대되어 왔다.	3.70(0.92)
· 우리 고장은 시장에서의 물자 유통을 통하여 다른 고장과 상호 의존 관계를 맺고 있다.	4.06(0.84)		
평균	3.93(0.52)	평균	3.81(0.56)

다음의 〈표-30〉은 교육과정에 제시되어 있는 내용과 제시되지 않은 내용의 중요도에 대한 4학년 교사들의 인식 정도를 분석한 것이다. 이 표를 보면, 4학년 교사 역시 교육과정에 제시되어 있는 내용

과 제시되지 않은 내용 모두 중요하게 인식하고 있음을 알 수 있다. '시·도의 자원과 생산 활동' 단원을 보다 구체적으로 분석해 보면, 교육과정에 제시되어 있는 "시·도의 주요 산업은 그 시·도 특유의 자원 개발 및 이용과 깊은 관계를 가진다"는 원리와 "우리의 경제생활이 잘 이루어지려면 여러 직업들 간에, 또 지역 간에 협력이 필요하다"는 원리의 중요도에 대한 인식 정도가 각각 4.33과 4.27로 매우 높게 나왔다. 또한 교육과정에 제시되지 않은 "인간이 이용할 수 있는 자원은 제한되어 있다"는 원리와 "분업과 전문화의 발달로 다양한 직업이 계속 생겨난다"는 원리의 중요도에 대한 인식 정도도 4.20과 4.22로 매우 높게 나왔다. 그 외 시장에 관한 내용과 국제경제에 관한 내용 역시 교육과정에 제시되어 있는 내용과 제시되지 않은 내용 모두 중요하게 인식하는 것으로 나타났다.

　이러한 결과는, 교사들이 제7차 교육과정과 해설서에 제시되어 있지 않은 원리들도 수업에서 학생들에게 가르쳐야 할 매우 중요한 교육 내용으로 인식하고 있다는 뜻으로, 이것은 제7차 사회과 교육과정과 해설서 및 지도서에 초등학교 4학년에서 가르쳐야 될 경제교육의 원리가 제대로 제시되어 있는가에 대한 보다 깊이 있는 고찰이 필요함을 시사한다. 특히 가장 기본적인 경제교육의 원리라 할 수 있는 "인간이 이용할 수 있는 자원은 제한되어 있다"는 원리와, "오늘날 국가 간의 경제적 교류와 협력 관계는 점차 증대하고 있다"는 원리는, 3·4학년 교사들 모두 매우 중요하게 인식(4.20, 4.10)하고 있음에도 불구하고 교육과정 및 해설서에 제시되어 있지 않다는 것은 제7차 사회과 교육과정에 제시되어 있는 경제교육의 원리에 대한 고찰이 필요함을 의미하는 것으로 볼 수 있다.

〈표-30〉 교육과정에 제시되어 있는 내용과 제시되지 않은 내용의
중요도에 대한 4학년 교사들의 인식 정도

제시되어 있는 내용	중요도에 대한 인식 정도	제시되지 않은 내용	중요도에 대한 인식 정도
· 생산, 생산 요소	3.79(0.83)	· 희소성	3.43(0.91)
· 산업	3.92(0.77)	· 국제경제	3.79(0.91)
· 자원, 자연자원, 인적 자원	4.04(0.83)	· 무역	3.97(0.87)
· 분업	4.03(0.82)		
· 직업	4.25(0.81)		
· 공공재	3.90(0.90)		
· 소비, 소비자	3.99(0.80)		
· 시장	4.13(0.78)	· 인간이 이용할 수 있는 자원 은 제한되어 있다.	4.20(0.82)
· 물자 유통	4.19(0.78)		
· 화폐	4.04(0.82)	· 분업과 전문화의 발달로 다 양한 직업이 계속 생겨난다.	4.22(0.83)
· 가격	3.99(0.88)		
· 수출·수입	4.13(0.84)	· 분업의 발달은 생산의 효율 성을 높이고 경제력의 발전 을 가져왔다.	4.04(0.83)
· 시·도의 주요 산업은 그 시·도 특유의 자원 개발 및 이용과 깊은 관계를 가진다.	4.33(0.76)	· 고도의 분업과 전문화는 오 늘날 생산 활동의 특징이다.	4.07(0.83)
· 우리의 경제생활이 잘 이루어 지려면 여러 직업들 간에, 또 지역 간에 협력이 필요하다.	4.27(0.78)	· 생산은 생산 요소의 기술적인 결합을 통해 다양한 형태로 이루어지며, 경제규모와 생활 수준에 큰 영향을 미친다.	3.87(0.86)
· 지역 사람들은 지방자치단체 와 함께 지역의 공익을 위해 노력하고 있다.	3.95(0.83)	· 전문화는 생산의 능률을 높이 고 전문화의 정도가 클수록 시 장제도의 필요성은 커진다.	3.92(0.92)
· 지역 전체의 생산이 분업화 되고 유통이 발달할수록 모 든 사람들의 경제생활은 다 른 사람과 다른 지역에 더욱 의존하면서 이루어진다.	4.05(0.83)	· 교통·통신의 발달로 물자 유통 이 활발해지면서 경제적 상호 의존성은 더욱 증가되어 왔다.	4.07(0.87)
· 물자 유통 단계에 따라 생산 품의 가격이 달라진다.	4.20(0.83)	· 시장은 욕구와 자원 간의 불 균형을 해소하기 위한 배분 체계로 인간의 경제활동의 중심이 되며, 시장에서의 교 환을 통한 경제적 상호 의존 성은 증대되어 왔다.	3.92(0.92)
· 돈은 나누기 편리하고 이동, 저장하기 쉽기 때문에 물물교 환이 가지는 문제를 줄인다.	4.05(0.82)		
· 물건의 생산과 유통은 지역 및 국가의 경제활동에 영향 을 미친다.	4.09(0.85)	· 오늘날 국가 간의 경제적 교 류와 협력 관계는 점차 증대 하고 있다.	4.10(0.90)
· 지방자치단체나 기업은 그 시·도의 자원을 이용한 상 품을 개발하여 해외로 수출 한다.	3.89(0.92)	· 자원과 인구의 불평등한 분 배는 무역을 경제적 복지의 필수 요소로 만든다.	3.75(0.96)
평균	4.05(0.53)	평균	3.95(0.57)

3. 명제적 지식과 학습 활동 비교

다음의 〈표-31〉은 명제적 지식으로서의 경제교육의 기본 개념 및 원리와 학습 활동의 중요도에 대한 교사들의 인식 정도를 비교·분석한 결과이다.

〈표-31〉 명제적 지식과 학습 활동의 중요도에 대한 교사들의 인식 정도

	3학년	4학년	계
명제적 지식	3.98(0.42)	3.97(0.50)	3.98(0.46)
학습 활동	3.98(0.60)	4.17(0.56)	4.08(0.57)

〈표-31〉에 의하면, 3·4학년 교사 모두 사실, 개념, 원리 등의 명제적 지식뿐 아니라 그러한 내용을 가르치기 위해 수업에서 제공해야 할 학습 활동을 매우 중요하게 인식하고 있음을 알 수 있다. 즉 교육 내용으로서의 명제적 지식의 중요도에 대한 인식 정도가 3.98, 학습 활동의 중요도에 대한 인식 정도가 4.08로 매우 높게 나타났다. 그중에서도 4학년 교사들은 특히 학습 활동을 매우 중요하게 인식하는 것으로 나타났다.

다음으로 세 가지 학습 활동의 중요도에 대한 교사들의 인식 정도를 비교·분석해 보기로 한다. 〈표-32〉와 〈표-33〉은 정보 수집 및 활용 활동, 문제 해결 및 사고 활동, 참여 활동의 중요도에 대한 3·4학년 교사들의 인식 정도를 비교한 것이다.

〈표-32〉 세 가지 학습 활동의 중요도에 대한 3학년 교사들의 인식 정도

학습 활동		학습 활동의 중요도에 대한 교사들의 인식 정도	평균
정보 수집 및 활용 활동	· 다양한 방법을 통해 자료 수집하기	4.22(0.78)	4.14 (0.67)
	· 자료 정리·분류·분석·해석하기	4.15(0.83)	
	· 통계표·도표 읽기	4.15(0.83)	
	· 견학 계획 세우기	4.04(0.88)	
	· 조사 보고서 작성하기	4.13(0.83)	
문제 해결 및 사고 활동	· 정리된 자료를 통해 추론 및 검증하기	3.77(0.94)	3.84 (0.82)
	· 여러 현상을 관련지어 생각하기	3.90(0.90)	
참여 활동	· 고장의 일에 참여하기	3.50(0.97)	3.50(0.97)

〈표-33〉 세 가지 학습 활동의 중요도에 대한 4학년 교사들의 인식 정도

학습 활동		학습 활동의 중요도에 대한 교사들의 인식 정도	평균
정보 수집 및 활용 활동	· 다양한 방법을 통해 자료 수집하기	4.31(0.79)	4.20 (0.61)
	· 자료 정리·분류·분석·해석하기	4.31(0.74)	
	· 통계표·도표 읽기	4.18(0.77)	
	· 견학 계획 세우기	4.04(0.83)	
	· 조사 보고서 작성하기	4.16(0.80)	
문제 해결 및 사고 활동	· 정리된 자료를 통해 추론 및 검증하기	3.95(0.87)	4.04 (0.76)
	· 여러 현상을 관련지어 생각하기	4.14(0.80)	
참여 활동	· 문제 해결 및 의사 결정을 위한 토의에 참여하고 역할 수행하기	4.27(0.71)	4.27(0.71)

위의 두 표를 살펴보면, 3·4학년 교사들은 세 가지 학습 활동 모두를 중요하게 인식하는 것으로 나타났다. 그러나 3·4학년 교사들이 가

장 중요하게 인식하는 학습 활동은 서로 다르게 나타났다. 즉 3학년 교사들은 정보 수집 및 활용 활동을 가장 중요하게 인식하고 있었고, 4학년 교사들은 참여 활동을 가장 중요하게 인식하고 있었다. 4학년 교사들이 가장 중요하게 인식하는 참여 활동은 4학년 사회과 교육과정에 제시되지 않은 활동으로, 이렇게 볼 때 사회과 교육과정에 제시되어야 하는 교육 내용에 대한 보다 심도 깊은 고찰이 요구된다고 보인다.

정리하면, 3・4학년 교사들은 사실, 개념, 원리의 교육 내용 모두를 중요하게 인식하는 것으로 나타났다. 사실과 개념, 원리를 비교해서는 전체적으로 원리를 가장 중요하게 인식하고 있었다. 교육과정에 제시되어 있는 내용과 그렇지 않은 내용을 비교해서는 3・4학년 교사 모두 두 내용을 중요하게 인식하고 있었다. 이러한 분석 결과는 교육과정에 제시되어야 하는 교육 내용에 대한 보다 심도 있는 고찰이 필요함을 시사한다. 그리고 명제적 지식으로서의 경제교육의 개념 및 원리와 그러한 내용을 가르치기 위한 학습 활동을 비교해서는 3・4학년 교사 모두 중요하게 인식하는 것으로 나타나, 경제교육의 개념과 원리를 명료하게 제시하는 방식뿐 아니라 그 내용을 가르치기 위한 학습 활동을 명료하게 제시하는 방식에 대한 보다 깊은 논의도 필요함을 시사한다.

C. 수업에서 교사들이 가르쳤다고 인식하는 경제교육 내용 분석

실제 수업에서 교사들이 가르쳤다고 인식하는 경제교육 내용이 무엇인지를 분석한 결과는 다음과 같다. 구체적으로 실제 수업에서 사실,

개념, 원리를 가르쳤다고 인식하는 교사 비율에는 어떤 차이가 있는지, 그리고 교육과정에 제시되어 있는 내용과 제시되지 않은 내용을 가르쳤다고 인식하는 교사 비율에는 어떤 차이가 있는지를 분석해 본다.

1. 사실, 개념, 원리의 비교

다음의 〈표-34〉는 실제 수업에서 교사들이 가르쳤다고 인식하는 경제교육 내용을 사실, 개념, 원리로 구분하여 비교·분석한 것이다.

〈표-34〉 수업에서 사실, 개념, 원리를 가르쳤다고 인식하는 교사 비율

학년/교육 내용	3학년	4학년	계
사실	95.7	90.3	93.0
개념	82.5	85.2	83.9
원리	78.2	80.3	79.3

위의 〈표-34〉에 의하면, 사실을 가르쳤다고 인식하는 교사들이 가장 많음을 알 수 있다. 즉 93%의 교사들이 사실을 가르쳤다고 인식하고 있으며, 83.9%의 교사들이 개념을, 그리고 79.3%의 교사들이 원리를 가르쳤다고 인식하는 것으로 나타났다.

이 결과를 각 학년별로 보다 자세하게 살펴보면 다음과 같다. 〈표-35〉와 〈표-36〉은 실제 수업에서 사실, 개념, 원리를 가르쳤다고 인식하는 3학년 교사들의 비율을 분석한 것이다. 이 두 표에 의하면, 사실을 가르쳤다고 인식하는 교사들의 비율이 가장 높게 나타났다. 즉 생산과 시장에 관련된 사실은 평균 93.6%와 97.8%의 많은 교사들이 가르친 것

으로 인식하고 있었고, 이 사실들을 관련시키고 설명하는 개념과 원리는 그보다 낮은 65.9%와 76.5%, 그리고 84.5%와 79.8%의 교사들이 가르쳤다고 인식하는 것으로 나타났다. 예컨대 고장의 주요 산업과 자연환경, 자원의 종류 및 이용 모습을 가르쳤다고 답한 교사들의 비율은 95.9%와 94.3%인 데 반하여, 생산, 산업, 자원의 개념을 가르쳤다고 답한 교사들의 비율은 73.8%, 71.7%, 77.5%이며, "산업 발달은 고장의 인문 및 자연환경과 밀접한 관련을 맺고 있다"는 원리를 가르쳤다고 답한 비율은 89.3%로 사실을 가르쳤다고 답한 교사들의 비율보다 낮았다.

〈표-35〉 생산과 관련된 사실, 개념, 원리를 가르쳤다고 인식하는
3학년 교사들의 비율

내용의 수준	경제교육 내용	수업에서 가르쳤다고 인식하는 교사 비율	평균
사실	· 고장 사람들의 직업 종류 · 고장의 주요 산업 종류 · 고장의 주요 산업 분류 · 고장의 자연환경과 자원 종류 및 이용 모습	100 95.9 84.4 94.3	93.6
개념	· 희소성 · 생산, 생산 요소 · 산업, 산업구조 · 자원, 자연자원, 인적 자원	40.6 73.8 71.7 77.5	65.9
원리	· 다양한 직업은 고장의 환경과 밀접한 관계를 가진다. · 지역의 사람들은 지역의 자원을 효율적으로 이용하는 생산 활동을 한다. · 인간이 이용할 수 있는 자원은 제한되어 있다. · 각국의 산업구조는 1차 산업에서 2차, 3차 산업을 거쳐 이행해 가고 있다. · 산업 발달은 고장의 인문 및 자연환경과 밀접한 관련을 맺고 있다. · 생산은 생산 요소의 기술적인 결합을 통해 다양한 형태로 이루어지며, 경제규모와 생활수준에 큰 영향을 미친다.	98.0 93.0 73.4 49.6 89.3 56.1	76.5

〈표-36〉 시장과 관련된 사실, 개념, 원리를 가르쳤다고 인식하는
3학년 교사들의 비율

내용의 수준	경제교육 내용	실제 수업에서 가르쳤다고 인식하는 교사 비율	평균
사실	· 우리 생활에 필요한 것들 · 시장에 모여드는 사람들 · 시장에서 판매되는 물건 · 시장의 종류 · 시장이 없을 때의 불편한 점 · 시장의 구실 · 시장의 위치 조건 · 시장에서의 물건의 유통 경로	99.6 99.2 99.2 98.4 99.2 98.8 95.1 92.6	97.8
개념	· 의식주 · 생산 · 시장 · 가격 · 수요 · 공급 · 물자 유통	94.3 91.0 97.5 81.1 61.1 82.0	84.5
원리	· 개별 생산자들은 그들의 기본적 필요를 만족시 키기 위하여 다른 사람들과 교환한다. · 생산된 생산물은 시장에서의 교환을 통해 소비 자에게 배분된다. · 시장에서는 물건이 유통되는 가운데 물건 생산 자, 물건 소비자, 물건 판매자, 물건 운반자 등이 서로 관련을 맺고 있다. · 시장에서는 상품을 팔려는 사람과 상품을 사려 는 사람이 만족하게 되는 가격이 결정된다. · 시장은 물자의 유통을 통하여 고장을 하나의 통합 된 생활공간으로 결합시켜 준다. · 우리 고장은 시장에서의 물자 유통을 통하여 다른 고 장과 상호 의존 관계를 맺고 있다. · 시장은 요구와 자원 간의 불균형을 해소하기 위 한 배분체계로 인간의 경제활동의 중심이 되며, 시장에서의 교환을 통한 경제적 상호 의존성은 증대되어 왔다.	86.1 93.9 91.9 70.1 73.8 86.9 56.1	79.8

또한 사실적 지식인 시장에서 판매되는 물건과 시장에서의 물건의
유통 경로를 가르쳤다고 인식하는 교사들의 비율은 99.2%와 92.6%인

데 반하여, 물자 유통의 개념을 가르쳤다고 인식하는 교사들의 비율은 82.0%, 그리고 "시장에서는 상품을 팔려는 사람과 상품을 사려는 사람이 만족하게 되는 가격이 결정된다"는 원리와 "시장은 물자의 유통을 통하여 고장을 하나의 통합된 생활 공간으로 결합시켜 준다"는 원리를 가르쳤다고 인식하는 교사들의 비율은 70.1%와 73.8%로 나타나 사실을 가르쳤다고 인식하는 교사들의 비율이 가장 높음을 알 수 있다.

이러한 결과를, 제7차 3학년 사회과 교육과정에 제시되어 있는 시장과 관련된 경제교육 내용이 구조를 이루고 있지 않다는 앞서의 결과와 관련지어 해석하면, 교육과정에 제시되어 있는 경제교육 내용이 구조를 이루고 있지 않을 경우, 교사들은 특히 사실을 많이 가르쳤다고 인식하는 것으로 볼 수 있다.

다음으로 실제 수업에서 사실, 개념, 원리를 가르쳤다고 인식하는 4학년 교사들의 비율을 분석해 보기로 한다. 〈표-37〉, 〈표-38〉, 〈표-39〉는 생산, 시장, 국제경제 영역에서 사실, 개념, 원리를 가르쳤다고 인식하는 교사들의 비율을 정리한 것이다. 다음의 〈표-37〉을 보면, 생산에 관한 사실, 개념, 원리를 가르쳤다고 인식하는 교사들의 비율이 비슷함을 알 수 있다. 즉 사실을 가르쳤다고 인식하는 교사의 비율이 88.8%, 개념을 가르쳤다고 인식하는 교사의 비율이 80.4%, 그리고 원리를 가르쳤다고 인식하는 교사의 비율이 85.6%로 비슷하게 나타났다. 이를 보다 구체적으로 살펴보면, 자원의 이용 모습과 사례, 생산과 산업의 개념, 산업의 발달은 그 지역의 자원과 밀접한 관련이 있다는 원리를 가르쳤다고 인식하는 교사의 비율이 각기 82.8%, 84.0%, 85.5%, 95.3%로 서로 비슷하게 나타났다. 그리고 새로 생겨나는 직업의 종류, 직업의 개념, 그리고 분업과 전문화의 발달로 다양한 직업이 계속 생겨나고 있다는 원리를 가르쳤다고 인식하는 교사의 비율 역시 95.3%, 96.1%, 94.5%로 서로 비슷하게 나타났다.

〈표-37〉 생산과 관련된 사실, 개념, 원리를 가르쳤다고 인식하는
4학년 교사들의 비율

내용의 수준	경제교육 내용	실제 수업에서 가르쳤다고 인식하는 교사 비율	평균
사실	· 우리 지역의 자원 이용 및 개발 사례	82.8	88.8
	· 여러 시·도의 특산물과 전통 산업	92.6	
	· 여러 지역 주민들의 생활 모습	91.8	
	· 우리 시·도에서 판매되는 물건의 생산지	91.4	
	· 지자체가 지역경제 발전을 위해 하는 일	87.5	
	· 지역 내의 공공재의 종류	83.2	
	· 지역 주민들이 원하는 공공재의 종류	80.9	
	· 여러 생산 활동에서의 분업의 사례	94.1	
	· 새로 생겨나는 직업의 종류	95.3	
개념	· 희소성	46.5	80.4
	· 생산, 생산 요소	84.0	
	· 산업	85.5	
	· 자원, 자연자원, 인적 자원	75.4	
	· 분업	94.5	
	· 직업	96.1	
	· 공공재	80.5	
원리	· 시·도의 주요 산업은 그 시·도 특유의 자원 개발 및 이용과 깊은 관계를 가진다.	95.3	85.6
	· 인간이 이용할 수 있는 자원은 제한되어 있다.	78.5	
	· 우리의 경제생활이 잘 이루어지려면 여러 직업들 간에, 또 지역 간에 협력이 필요하다.	94.1	
	· 분업과 전문화의 발달로 다양한 직업이 계속 생겨난다.	94.5	
	· 지역 사람들은 지방자치단체와 함께 지역의 공익을 위해 노력하고 있다.	91.0	
	· 분업의 발달은 생산의 효율성을 높이고 경제력의 발전을 가져왔다.	88.7	
	· 고도의 분업과 전문화는 오늘날 생산 활동의 특징이다.	85.5	
	· 지역 전체의 생산이 분업화되고 유통이 발달할수록 모든 사람들의 경제생활은 다른 사람과 다른 지역에 더욱 의존하면서 이루어진다.	80.9	
	· 생산은 생산 요소의 기술적인 결합을 통해 다양한 형태로 이루어지며, 경제규모와 생활수준에 큰 영향을 미친다.	61.3	

〈표-38〉 시장과 관련된 사실, 개념, 원리를 가르쳤다고 인식하는 4학년 교사들의 비율

내용의 수준	경제교육 내용	실제 수업에서 가르쳤다고 인식하는 교사 비율	평균
사실	· 물물교환의 불편함	97.3	92.5
	· 돈의 필요성	96.5	
	· 시장에서 일하는 사람들이 하는 일	93.0	
	· 주변 물건들의 생산지	86.3	
	· 물건들의 다양한 유통 경로	96.5	
	· 지역 간의 물자 교환 사례	85.5	
개념	· 생산, 생산자, 생산 요소	84.8	90.5
	· 소비, 소비자	91.0	
	· 분업	96.5	
	· 시장	96.1	
	· 물자 유통	91.4	
	· 화폐	90.6	
	· 가격	82.8	
원리	· 물자 유통 단계에 따라 생산품의 가격이 달라진다.	93.0	80.9
	· 돈은 나누기 편리하고 이동, 저장하기 쉽기 때문에 물물교환이 가지는 문제를 줄인다.	94.1	
	· 물건의 생산과 유통은 지역 및 국가의 경제활동에 영향을 미친다.	85.9	
	· 전문화는 생산의 능률을 높이고 전문화의 정도가 클수록 시장제도의 필요성은 커진다.	60.2	
	· 교통·통신의 발달로 물자 유통이 활발해지면서 경제적 상호 의존성은 더욱 증가되어 왔다.	85.5	
	· 시장은 욕구와 자원 간의 불균형을 해소하기 위한 배분체계로 인간의 경제활동의 중심이 되며, 시장에서의 교환을 통한 경제적 상호 의존성은 증대되어 왔다.	66.8	

〈표-39〉 국제경제와 관련된 사실, 개념, 원리를 가르쳤다고
인식하는 4학년 교사들의 비율

내용의 수준	경제교육 내용	실제 수업에서 가르쳤다고 인식하는 교사 비율	평균
사실	·우리 시·도의 수출품 ·다른 나라에서 우리 시·도로 들어오는 물건 ·나라 간 물자 교환의 사례	85.5 91.0 89.8	88.8
개념	·국제경제 ·무역 ·수출·수입	70.3 88.7 95.3	84.8
원리	·지방자치단체나 기업은 그 시·도의 자원을 이용한 상품을 개발하여 해외로 수출한다. ·오늘날 국가 간의 경제적 교류와 협력 관계는 점차 증대하고 있다. ·자원과 인구의 불평등한 분배는 무역을 경제적 복지의 필수 요소로 만든다.	87.5 86.3 49.2	74.3

그러나 〈표-38〉과 〈표-39〉를 보면, 시장과 국제경제에 관한 사실, 개념, 원리를 가르쳤다고 인식하는 4학년 교사 비율 간에는 차이가 있음을 알 수 있다. 예를 들어 〈표-38〉에서 물건들의 다양한 유통 경로와 지역 간의 물자 교환 사례를 가르쳤다고 인식하는 교사의 비율은 각각 96.5%와 85.5%이고, 물건 유통의 개념을 가르쳤다고 인식하는 교사의 비율은 91.4%, 그리고 "교통·통신의 발달로 물자 유통이 활발해지면서 경제적 상호 의존성은 더욱 증가되어 왔다"는 원리와 "시장은 욕구와 자원 간의 불균형을 해소하기 위한 배분체계로 인간의 경제활동의 중심이 되며, 시장에서의 교환을 통한 경제적 상호 의존성은 증대되어 왔다"는 원리를 가르쳤다고 인식하는 교사의 비율은 각각 85.5%와 66.8%로 나타났다. 또한 〈표-39〉에서 국제경제에 관한 사실과 개념을 가르쳤다고 인식하는 교사들의 비율은 각

각 88.8%와 84.8%였으며, 원리를 가르쳤다고 인식하는 교사의 비율
은 74.3%로 나타나 내용 수준 간에 차이가 있음을 알 수 있다.

이러한 결과를 앞서의 '서로 돕는 경제생활' 단원에 제시된 경제교육
내용이 구조를 이루고 있지 않다는 분석 결과와 관련지어 해석하면, 교
육과정에 제시되어 있는 교육 내용이 구조를 이루지 않을 경우, 교사들
은 특히 사실을 많이 가르친 것으로 인식하는 것으로 볼 수 있다.

2. 교육과정에 제시되어 있는 내용과 제시되지 않은 내용 비교

다음의 〈표-40〉은 교육과정에 제시되어 있는 경제교육 내용과 제
시되지 않은 경제교육 내용을 수업에서 가르쳤다고 인식한 교사들의
비율을 분석한 것이다.

〈표-40〉 교육과정에 제시되어 있는 내용과 제시되지 않은 내용을
가르쳤다고 인식하는 교사의 비율

	3학년	4학년	평균
제시되어 있는 내용	81.5	89.3	85.4
제시되지 않은 내용	69.7	79.8	74.8

이 표에 의하면, 3·4학년 모두 교육과정에 제시되어 있는 내용을
수업에서 가르쳤다고 인식하는 교사들이 더 많은 것으로 나타났다.
즉 제시되어 있는 내용은 85.4%의 교사들이 가르쳤다고 인식하고 있
는 반면, 제시되지 않은 내용은 74.8%의 교사들이 가르쳤다고 인식
하는 것으로 나타났다. 3·4학년 교사들이 교육과정에 제시되어 있

는 내용과 제시되지 않은 내용을 가르쳤다고 인식하는 비율을 보다 자세히 살펴보면 다음과 같다.

〈표-41〉 교육과정에 제시되어 있는 내용과 제시되지 않은 내용을
가르쳤다고 인식하는 3학년 교사들의 비율

제시되어 있는 내용	수업에서 가르쳤다고 인식하는 교사 비율	제시되지 않은 내용	수업에서 가르쳤다고 인식하는 교사 비율
·생산, 생산 요소	73.8	·희소성	40.6
·산업, 산업구조	71.7	·가격	81.1
·자원, 자연 자원, 인적 자원	77.5		
·의식주	94.3		
·시장	97.5		
·수요·공급	61.1	·인간이 이용할 수 있는 자원은 제한되어 있다.	73.4
·물자 유통	82.0		
·다양한 직업은 고장의 환경과 밀접한 관계를 가진다.	98.0	·생산은 생산 요소의 기술적인 결합을 통해 다양한 형태로 이루어지며, 경제규모와 생활수준에 큰 영향을 미친다.	56.1
·지역의 사람들은 지역의 자원을 효율적으로 이용하는 생산 활동을 한다.	93.0		
·각국의 산업구조는 1차 산업에서 2차, 3차 산업을 거쳐 이행해 가고 있다.	49.6	·개별 생산자들은 그들의 기본적 필요를 만족시키기 위하여 다른 사람들과 교환한다.	86.1
·산업 발달은 고장의 인문 및 자연환경과 밀접한 관련을 맺고 있다.	89.3	·생산된 생산물은 시장에서의 교환을 통해 소비자에게 배분된다.	93.9
·시장에서는 물건이 유통되는 가운데 물건 생산자, 물건 소비자, 물건 판매자, 물건 운반자 등이 서로 관련을 맺고 있다.	91.9	·시장에서는 상품을 팔려는 사람과 상품을 사려는 사람이 만족하게 되는 가격이 결정된다.	70.1
·시장은 물자의 유통을 통하여 고장을 하나의 통합된 생활공간으로 결합시켜 준다.	73.8	·시장은 요구와 자원 간의 불균형을 해소하기 위한 배분체계로 인간의 경제활동의 중심이 되며, 시장에서의 교환을 통한 경제적 상호 의존성은 증대되어 왔다.	56.1
·우리 고장은 시장에서의 물자 유통을 통하여 다른 고장과 상호 의존 관계를 맺고 있다.	86.9		
평균	81.5	평균	69.7

〈표-42〉 교육과정에 제시되어 있는 내용과 제시되지 않은 내용을
가르쳤다고 인식하는 4학년 교사들의 비율

제시되어 있는 내용	수업에서 가르쳤다고 인식하는 교사 비율	제시되지 않은 내용	수업에서 가르쳤다고 인식하는 교사 비율
· 생산, 생산 요소	84.0	· 희소성	46.5
· 산업	85.5	· 국제경제	70.3
· 자원, 자연자원, 인적 자원	75.4	· 무역	88.7
· 분업	94.5		
· 직업	96.1		
· 공공재	80.5		
· 소비, 소비자	91.0	· 인간이 이용할 수 있는 자원은 제한되어 있다.	78.5
· 시장	96.1		
· 물자 유통	91.4	· 분업과 전문화의 발달로 다양한 직업이 계속 생겨난다.	94.5
· 화폐	90.6		
· 가격	82.8	· 분업의 발달은 생산의 효율성을 높이고 경제력의 발전을 가져왔다.	88.7
· 수출·수입	95.3		
· 시·도의 주요 산업은 그 시·도 특유의 자원 개발 및 이용과 깊은 관계를 가진다.	95.3	· 고도의 분업과 전문화는 오늘날 생산 활동의 특징이다.	85.5
· 우리의 경제생활이 잘 이루어지려면 여러 직업들 간에, 또 지역 간에 협력이 필요하다.	94.1	· 생산은 생산 요소의 기술적인 결합을 통해 다양한 형태로 이루어지며, 경제규모와 생활 수준에 큰 영향을 미친다.	61.3
· 지역 사람들은 지방자치단체와 함께 지역의 공익을 위해 노력하고 있다.	91.0	· 전문화는 생산의 능률을 높이고 전문화의 정도가 클수록 시장제도의 필요성은 커진다.	60.2
· 지역 전체의 생산이 분업화되고 유통이 발달할수록 모든 사람들의 경제생활은 다른 사람과 다른 지역에 더욱 의존하면서 이루어진다.	80.9	· 교통·통신의 발달로 물자 유통이 활발해지면서 경제적 상호 의존성은 더욱 증가되어 왔다.	85.5
· 물자 유통 단계에 따라 생산품의 가격이 달라진다.	93.0	· 시장은 욕구와 자원 간의 불균형을 해소하기 위한 배분 체계로 인간의 경제활동의 중심이 되며, 시장에서의 교환을 통한 경제적 상호 의존성은 증대되어 왔다.	66.8
· 돈은 나누기 편리하고 이동, 저장하기 쉽기 때문에 물물교환이 가지는 문제를 줄인다.	94.1		
· 물건의 생산과 유통은 지역 및 국가의 경제활동에 영향을 미친다.	85.9	· 오늘날 국가 간의 경제적 교류와 협력 관계는 점자 증대하고 있다.	86.3
· 지방자치단체나 기업은 그 시·도의 자원을 이용한 상품을 개발하여 해외로 수출한다.	87.5	· 자원과 인구의 불평등한 분배는 무역을 경제적 복지의 필수 요소로 만든다.	49.2
평균	89.3	평균	79.8

앞의 〈표-41〉과 〈표-42〉에 의하면, 3학년 교사의 81.5%가 교육과정에 제시되어 있는 내용을 가르쳤다고 인식하고 있으며, 69.7%의 교사들이 교육과정에 제시되어 있지 않은 내용을 가르쳤다고 인식하고 있었다. 4학년 역시 교육과정에 제시된 내용을 가르쳤다고 인식하는 교사들의 비율은 89.3%이고, 교육과정에 제시되지 않은 내용을 가르쳤다고 인식하는 교사의 비율은 79.8%로, 교육과정에 제시되어 있는 내용을 가르쳤다고 인식하는 교사들의 비율이 더 높음을 알 수 있다.

보다 구체적으로 3학년 '고장 사람들이 하는 일' 단원을 가르친 교사들의 비율을 살펴보면, 교육과정에 제시되어 있는 생산, 산업, 자원의 개념과 "다양한 직업은 고장의 환경과 밀접한 관계를 가진다"는 원리와 "지역의 사람들은 지역의 자원을 효율적으로 이용하는 생산활동을 한다"는 원리를 가르쳤다고 인식하는 교사의 비율은 각각 73.8%, 71.7%, 77.5%, 98.0%, 93.0%이었고, 교육과정에 제시되어 있지 않은 희소성의 개념과 "인간이 이용할 수 있는 자원은 제한되어 있다"는 원리와 "생산은 생산 요소의 기술적인 결합을 통해 다양한 형태로 이루어지며, 경제규모와 생활수준에 큰 영향을 미친다"는 원리를 가르쳤다고 인식하는 교사들의 비율은 40.6%, 73.4%, 56.1%로, 교육과정에 제시되어 있는 교육 내용을 가르쳤다고 인식하는 교사들의 비율이 더 높음을 알 수 있다.

4학년 '서로 돕는 경제생활' 단원 역시 교육과정에 제시되어 있는 교육 내용을 가르쳤다고 인식하는 교사들의 비율이 높았다. 즉 교육과정에 제시되어 있는 원리인 "물자 유통 단계에 따라 생산품의 가격이 달라진다"는 원리와 "돈은 나누기 편리하고 이동, 저장하기 쉽기 때문에 물물교환이 가지는 문제를 줄인다", "물건의 생산과 유통은 지역 및 국가의 경제활동에 영향을 미친다"는 원리를 가르쳤다고 인식하는 교사들의 비율은 각각 93.0%, 94.1%, 85.9%였으며, 교육과 정에 제시되지 않은 원리인 "전문화는 생산의 능률을 높이고 전문화 의 정도가 클수록 시장제도의 필요성은 커진다"와 "시장은 욕구와 자원 간의 불균형을 해소하기 위한 배분체계로 인간의 경제활동의 중심이 되며, 시장에서의 교환을 통한 경제적 상호 의존성은 증대되 어 왔다"는 내용을 가르쳤다고 인식하는 교사들의 비율은 각각 60.2%와 66.8%로, 교육과정에 제시되어 있는 내용을 가르쳤다고 인 식하는 교사들이 더 많음을 알 수 있다.

한편 위의 결과를, 교육 내용의 중요도에 대한 교사들의 인식 정 도를 분석한 앞서의 결과와 관련지어 해석하면, 개념이나 원리 수준 의 교육 내용은 교사들이 비록 중요하게 인식하고 있어도 교육과정 이나 해설서 및 지도서에 제시되어 있지 않으면 수업에서 가르쳤다 고 인식하는 비율이 낮아짐을 알 수 있다. 3학년 '고장 사람들이 하 는 일' 단원을 구체적으로 분석해 보면, 교육과정에 제시되어 있는 내용인 고장의 주요 산업 분류의 중요도에 대한 교사들의 인식 정도 (3.57)은, 교육과정에 제시되지 않은 내용인 "인간이 이용할 수 있는 자원은 제한되어 있다"는 원리의 중요도에 대한 교사들의 인식 정도 (4.10)보다 낮았으나, 수업에서 이들 내용을 가르쳤다고 인식하는 교 사들은 각각 71.7%와 73.4%로, 교육과정에 제시되지 않은 내용을 가 르쳤다고 인식한 교사들이 더 많음을 알 수 있다(표-29 참조).

4학년 '서로 돕는 경제생활' 단원 역시 같은 분석을 해 볼 수 있다. 즉 교육과정에 제시되지 않은 원리인 "전문화는 생산의 능률을 높 이고 전문화의 정도가 클수록 시장제도의 필요성은 커진다"와 "시장 은 욕구와 자원 간의 불균형을 해소하기 위한 배분체계로 인간의 경 제활동의 중심이 되며, 시장에서의 교환을 통한 경제적 상호 의존성은 증대되어 왔다"는 원리는 그 중요도에 대한 인식 정도가 각각 3.92로 높게 나타났지만 60.2%와 66.8%의 교사만이 가르쳤다고 인식하는 것으로 나타났다. 특히 "인간이 이용할 수 있는 자원은 제한되어 있다"는 원리는 중요도에 대한 인식 정도가 3·4학년 교사 모두 4.10과 4.20으로 매우 높았지만, 실제 수업에서는 73.4%와 78.5%의 교사들만이 가르쳤다고 인식하는 것으로 나타났다. 또한 실제 수업에서 가르쳐진 비율이 가장 낮게 나타난 "자원과 인구의 불평등한 분배는 무역을 경제적 복지의 필수 요소로 만든다"는 원리는 그 중요도에 대한 인식 정도가 3.70으로 비교적 높게 나왔음에도 불구하고 49.2%의 교사들만이 가르쳤다고 인식하는 것으로 나타났다. 이러한 결과는 교사들이, 그들 자신이 중요하게 인식하는 교육 내용보다는 교육과정과 교육과정 해설서 및 교사용 지도서에 제시되어 있는 교육 내용을 중심으로 수업을 하고 있다고 인식하는 것으로 볼 수 있다. 이렇게 볼 때 교육과정에 가르치고자 하는 교육 내용을 명료하게 제시하는 것이 무엇보다 요청된다고 할 수 있다.

실제 수업에서 교사들이 가르쳤다고 인식하는 경제교육 내용을 분석한 지금까지의 결과를 정리하면, 전체적으로 볼 때, 3·4학년 교사 모두 사실을 가르쳤다고 인식하는 비율이 가장 높았다. 특히 교육과정에 제시되어 있는 내용이 구조를 이루지 않는다고 분석된 단원에 제시된 사실을 가르쳤다고 인식하는 교사들의 비율이 높았는데, 이렇게 볼 때 단편적인 사실 중심의 수업이라는 문제점을 해결하기 위해서는 우선적으로 교육과정과 해설서 및 지도서에 사실, 개념, 원리 등의 교육 내용이 구조를 이루도록 제시하는 것이 필요하다고 하겠다. 교육과정과 해설서 및 지도서에 제시되어 있는 교육 내용과 제시되지 않은 교육 내용을 가르쳤다고 인식하는 교사들의 비율을 비교한 결과는, 제시되어 있는 내용을 가르쳤다고 인식하는 교사들의 비율이 더 높게 나타났다. 즉 교육과정과 해설서 및 지도서에 제시되어 있는 내용은, 그것이 비록 중요하게 인식되지 않더라도 교육과정과 해설서 및 지도서에 제시되지 않은 내용보다 수업에서 가르쳤다고 인식하는 비율이 높았다. 이러한 결과는, 교사들이 교육과정과 해설서 및 지도서에 제시되어 있는 교육 내용을 중심으로 수업을 진행함을 의미하는 것으로, 이렇게 볼 때 교육과정과 해설서 및 지도서에 교육 내용을 명료하게 제시하는 것이 무엇보다 중요하다고 하겠다.

3. 학습 활동

다음의 〈표-43〉은 수업에서 학습 활동에 의해 교육 내용을 가르쳤다고 인식하는 교사들의 비율을 분석한 것이다.

〈표-43〉 학습 활동에 의해 교육 내용을 가르쳤다고 인식하는 교사 비율

	3학년	4학년	평균
학습 활동 실시여부	79.2	87.3	83.3

위의 〈표-43〉을 보면, 3학년 교사의 79.2%와 4학년 교사의 87.3%가 학습 활동에 의해 교육 내용을 가르쳤다고 인식하고 있음을 알 수 있다. 이 결과는, 바꾸어 해석하면, 3학년 교사의 20.8%와 4학년 교사의 12.7%가 학습 활동에 의해 교육 내용을 가르치지 않았다고 인식하고 있다는 것으로, 이들 교사들이 가르친 여러 교육 내용은 올바르게 가르쳐지지 않을 가능성이 높다고 볼 수 있다.

다음으로 세 가지 학습 활동에 의해 교육 내용을 가르쳤다고 인식

하는 3·4학년 교사들의 비율을 분석해 보기로 한다. 아래의 〈표-44〉
는 수업에서 세 가지 학습 활동에 의해 교육 내용을 가르쳤다고 인
식하는 교사들의 비율을 비교·분석한 것이다. 이 표에 의하면, 3·4
학년 모두 정보를 수집하고 활용하는 활동을 했다고 인식하는 교사
들이 가장 많음을 알 수 있다. 이러한 결과는, 그동안 3차에서부터 7
차에 이르기까지의 사회과 교육과정 및 해설서, 지도서에 주로 정보
수집 및 활용 활동이 제시되어 있었다는 앞서의 분석 결과와 관련지
어 해석하면, 교사들이 교육 내용을 가르치기 위해 수업에서 제공했
다고 인식한 학습 활동은 주로 교육과정과 해설서 및 지도서에 제시
되어 있는 학습 활동임을 알 수 있다.

〈표-44〉 세 가지 학습 활동에 의해 교육 내용을 가르쳤다고
인식하는 3·4학년 교사 비율

학습 활동		교육 내용을 학습 활동으로 가르쳤다고 인식하는 교사 비율	
		3학년	4학년
정보 수집 및 활용 활동	·다양한 방법을 통해 자료 수집하기	98.4	93.8
	·자료 정리·분류·분석·해석하기	81.6	89.1
	·통계표·도표 읽기	94.7	94.9
	·견학 계획 세우기	84.8	80.9
	·조사 보고서 작성하기	89.8	89.8
문제 해결 및 사고 활동	·정리된 자료를 통해 추론 및 검증하기	63.1	74.6
	·여러 현상을 관련지어 생각하기	75.4	85.9
참여 활동	·고장의 일에 참여하기	45.5	
	·문제 해결 및 의사 결정을 위한 토의에 참여하고 역할 수행하기		89.1

　지금까지 수업에서 교육 내용을 학습 활동에 의해 가르쳤다고 인식한 교사들의 비율을 분석한 결과를 정리하면, 3·4학년 교사들 중 20.8%와 12.7%의 교사들이 학습 활동에 의해 교육 내용을 가르치지 않았다고 인식한 것으로 나타나, 여러 사실, 개념, 원리들을 강의식 또는 암기식으로 가르치고 있다고 인식하는 교사들이 있음을 알 수 있다. 세 가지 학습 활동을 비교해서는 정보를 수집하고 활용하는 활동을 했다고 인식하는 교사들이 가장 많았는데, 이러한 결과는 그동안 사회과 교육과정에 정보 수집 및 활용 활동이 가장 많이 그리고 다양한 하위 유목으로 제시되어 있다는 앞서의 분석 결과와 관련지어 볼 때, 교육과정에 학습 활동이 명료하게 제시되면, 수업에서도 학습 활동에 의해 교육 내용을 가르쳤다고 인식하는 교사들이 많아질 가능성이 높다고 보인다. 이 점에서 볼 때 교육과정에는 교육 내용을 가르치기 위한 학습 활동을 명료하게 제시하는 것이 무엇보다 중요하다고 하겠다.

VI. 마치며

A. 요 약

　교과 교육과정은 교사들이 학생들에게 가르쳐야 하는 교육 내용을 명료하게 제시하여야 한다는 전제하에, 교육과정에 제시되어야 하는 교육 내용과 그 내용의 제시 방식을 고찰하고, 이를 바탕으로 그동안 우리나라의 교육과정에는 그러한 성격의 교육 내용이 명료하게 제시되어 있는지를 분석하는 것이 이 책의 주요 목적이었다. 이를 위하여 초등학교 3·4학년 사회과 교육과정과 교육과정 해설서 및 교사용 지도서에 제시되어 있는 경제교육 내용을 중점적으로 분석하였다. 내용 분석과 설문지 조사 방법을 통해 분석된 결과를 차례로 제시하면 다음과 같다.

　첫째, 초등학교 3·4학년에서 가르쳐야 할 경제교육의 기본 개념으로는 기본 경제문제, 소비, 소득분배, 생산, 시장, 경제체제, 국민소득, 화폐와 금융, 재정, 국제경제, 경제변동의 11개 개념이 선정되었다. 경제교육의 원리로는 "생산은 생산 요소의 기술적인 결합을 통해 다양한 형태로 이루어지며, 경제규모와 생활수준에 큰 영향을 미친다"는 원리와 "시장은 욕구와 자원 간의 불균형을 해소하기 위한 배분체계로 인간의 경제활동의 중심이 되며, 시장에서의 교환을 통한 경제적 상호 의존성은 증대되어 왔다"는 원리, 그리고 "자원과 인구의 불평등한 분배는 무역을 경제적 복지의 필수 요소로 만든다"

는 3개의 원리가 선정되었다. 경제교육 내용을 가르치기 위하여 수업에서 제공해야 할 학습 활동으로는 정보 수집 및 활용 활동, 문제해결 및 사고 활동, 참여 활동의 3개가 선정되었다.

둘째, 제3, 4, 5, 6, 7차 사회과 교육과정에 경제교육의 기본 개념이 제시되어 있는지를 분석한 결과, 7차 사회과 교육과정에는 기본 경제문제, 소비, 소득분배, 생산, 시장, 화폐, 국제경제 등, 3, 4, 5, 6차 교육과정과 비교하여, 경제교육의 기본 개념과 하위 개념이 보다 다양하게 제시되어 있었다. 경제교육의 원리 역시 7차 교육과정에는, 3, 4, 5, 6차 교육과정과 비교하여, 다양한 경제교육의 원리가 제시되어 있었다. 즉 7차 교육과정에는 3, 4, 5차 교육과정에 제시되어 있는 생산에 관한 원리와 6차에 제시되어 있는 시장에 관한 원리, 그리고 상호 의존에 관한 원리와 가격, 화폐에 관한 원리 등이 제시되어 있었다. 그러나 JCEE나 세비지와 암스트롱이 제시한 경제체제, 국민소득, 재정, 경제변동 개념, 그리고 모든 경제 관련 문제의 기초가 되는 희소성의 원리와 경제체제에 관한 원리 등은 제시되어 있지 않아 전체적으로 볼 때 경제교육의 개념과 원리가 제한적으로 제시되어 있다고 볼 수 있다. 그리고 3, 4, 5, 6, 7차 교육과정에 제시되어 있는 원리는 대부분 하위 수준의 원리인 것으로 분석되었다.

사회과 교육과정과 해설서 및 지도서 중 경제교육의 원리가 어디에 중점적으로 제시되어 있는지를 분석한 결과는, 세 문서에 걸쳐 매우 산발적으로 제시되어 있는 것으로 나타났다. 또한 세 문서 각각에서도 학년목표, 학년 내용, 혹은 주제별 지도의 관점 및 요소 등의 여러 곳에 비체계적으로 제시되어 있어 교사들이 경제교육의 원리를 파악하기 어렵게 제시되어 있었다. 교육과정과 교육과정 해설서, 교사용 지도서를 비교해서는 교사용 지도서, 교육과정 해설서, 교육과정의 순으로 교육과정에 경제교육의 원리가 가장 적게 제시되어 있었다. 교육과정에 제시되어 있는 문장의 형태를 분석한 결과는 원리를 직접적으로 제시하기보다는 그 원리가 무엇에 대한 원리인가를 나타내는 문장이 주를 이루는 것으로 나타났다.

제3, 4, 5, 6, 7차 초등학교 3·4학년 사회과 교과서, 교육과정, 교육과정 해설서 및 교사용 지도서에 제시되어 있는 여러 사실, 개념, 원리들이 구조를 이루고 있는지를 분석한 결과는, 3차에서부터 7차 교육과정에 이르기까지의 총 24개의 경제 단원 중 7차 3학년 '고장 사람들이 하는 일' 단원과 4학년 '시·도의 자원과 생산 활동' 단원을 포함한 5개 단원에 제시되어 있는 경제교육 내용이 구조를 이루는 것으로 나타났다. 나머지 19개 단원에 제시된 교육 내용은 구조를 이루지 않았는데, 구조를 이루지 않는 유형은 원리 또는 사실이 불충분하게 제시되어 있는 유형, 원리에 부적합한 사실들이 제시되어 있는 유형, 그리고 원리는 제시되지 않고 사실과 개념만 제시되어 있는 유형의 세 가지로 분석되었다.

사회과 교육과정과 해설서 및 지도서에 학습 활동이 명료하게 제시되어 있는지를 분석한 결과는, 제7차 교육과정에는, 제3, 4, 5, 6차 교육과정과 비교하여 세 가지 학습 활동이 명료하게 제시되어 있는 것으로 나타났다. 특히 정보를 수집하고 활용하는 활동은 매우 다양한 하위 유목으로 자세하게 제시되어 있었으며, 문제를 해결해 가는 활동 역시 다양한 하위 유목이 제시되어 있었다. 참여 활동은 상대적으로 단순한 수준으로 제시되어 있는 것으로 분석되었다. 그리고 학습 활동과 내용이 함께 제시되어 있는지를 분석한 결과는 제7차 사회과 교육과정과 해설서 및 지도서에는 학습 활동과 내용이 함께 제시되어 있는 것으로 나타났다. 학습 활동과 내용이 함께 제시되지 않은 방식은 학습 활동과 내용이 번호를 달리하거나 문장을 달리하여 서로 무관하게 제시되거나 혹은 내용이 구체적으로 제시되지 않은 방식이었다.

셋째, 사실, 개념, 원리 및 학습 활동의 중요도에 대해 3·4학년 교사들은 사실, 개념, 원리의 교육 내용 모두를 중요하게 인식하는 것으로 나타났다. 사실과 개념, 원리 각각을 비교해서는 원리를 가장 중요하게 인식하고 있었다. 교육과정에 제시되어 있는 내용과 그렇지 않은 내용을 비교해서는 모두 중요하게 인식하고 있었다. 그리고 명제적 지식으로서의 경제교육의 개념 및 원리와 그러한 내용을 가르치기 위한 학습 활동을 비교해서는 3·4학년 교사 모두 내용과 학습 활동을 중요하게 인식하고 있었다.

넷째, 실제 수업에서 교사들이 가르쳤다고 인식하는 경제교육 내용을 분석한 결과는 다음과 같다. 먼저 사실과 개념, 원리를 비교해서는 3·4학년 교사 모두 사실을 가르쳤다고 인식하는 비율이 가장 높았다. 특히 교육과정에 제시되어 있는 내용이 구조를 이루지 않는다고 분석된 단원에 제시된 사실을 가르쳤다고 인식하는 교사들의 비율이 높았다. 교육과정과 해설서 및 지도서에 제시되어 있는 교육 내용과 제시되지 않은 교육 내용을 가르쳤다고 인식하는 교사들의 비율을 비교한 결과는, 제시되어 있는 내용을 가르쳤다고 인식하는 교사들의 비율이 더 높게 나타났다. 즉 교육과정과 해설서 및 지도서에 제시되어 있는 내용은, 그것이 비록 중요하게 인식되지 않더라도 교육과정과 해설서 및 지도서에 제시되지 않은 내용보다 수업에서 가르쳤다고 인식하는 비율이 높았다. 수업에서 교육 내용을 학습 활동에 의해 가르쳤다고 인식한 교사들의 비율은 3학년이 79.2%로, 4학년이 87.3%로 나타나 3·4학년 교사들 중 20.8%와 12.7%의 교사들이 학습 활동에 의해 교육 내용을 가르치지 않았다고 인식하고 있었다. 세 가지 학습 활동을 비교해서는 정보를 수집하고 활용하는 활동을 했다고 인식하는 교사들이 가장 많았다.

B. 제 언

지금까지의 분석 결과를 토대로, 교육과정과 교육과정 해설서 및 교사용 지도서에 제시되어야 하는 교육 내용 및 내용 제시 방식에 관한 몇 가지 제언을 하면 다음과 같다.

첫째, 3·4학년 사회과 교육과정과 해설서 및 지도서에 제시되어야 하는 경제교육의 기본 개념과 원리 및 학습 활동에 대한 보다 깊이 있는 고찰이 이루어져야 한다. 이러한 제언은 제7차 사회과 교육과정에는, 3, 4, 5, 6차 교육과정과 비교하여, 다양한 경제교육의 개념과 원리 및 학습 활동이 제시되어 있지만, 여전히 제한적이라는 분석 결과에 따른 것이다. 즉 제7차 사회과 교육과정에는 국민소득, 금융, 재정, 경제체제, 경제변동과 같은 개념과 희소성의 원리와 상호 의존의 원리 등은 제시되어 있지 않았는데, 이것은 3·4학년 사회과 교육과정에 경제교육의 기본 개념과 원리가 제한적으로 제시되어 있다는 것을 의미하기 때문이다. 또한 이러한 제언은 사회과 교육과정과 해설서 및 지도서에 제시되어 있지 않은 개념이나 원리들을 교사들이 매우 중요한 교육 내용으로 인식하고 있으며 실제 수업에서도 가르치는 것으로 인식하고 있다는 분석 결과에 따른 것이다. 교사들이 중요하게 인식하는 개념이나 원리가 모두 교육 내용으로 선정되어야 하는 것은 아니지만, 교사들에 의해 그 내용이 중요하게 인식되고 있다는 것과 실제 수업에서도 가르치는 것으로 인식한다는 것은, 교육과정과 해설서 및 지도서에 제시되지 않은 경제교육의 기본 개념과 원리 및 학습 활동에 대한 보다 깊이 있는 고찰이 요구됨을 시사한다.

둘째, 교육과정과 교육과정 해설서 및 교사용 지도서의 성격을 명확히 규명하고 경제교육의 기본 개념과 원리 및 학습 활동을 체계적으로 제시하여야 한다. 이러한 제언은 경제교육의 원리가 사회과 교육과정과 해설서 및 지도서에 매우 산발적으로 여러 형태로 제시되어 있다는 분석 결과에 따른 것이다. 가르쳐야 할 교육 내용이 교육과정과 해설서 및 지도서에 매우 산발적으로 제시되어 있다는 것은 교사들이 경제교육 내용을 명료하게 파악하는 것이 어렵다는 것을 의미한다. 이렇게 볼 때, 교육 내용을 명료하게 제시하는 한 가지 방법은, 교육과정과 해설서 및 지도서의 성격을 명확히 규정하고 경제교육의 기본 개념과 원리 및 학습 활동을 체계적으로 제시하는 것이라고 할 수 있다.

셋째, 경제교육의 원리 및 학습 활동을 제시하는 방식에 대한 고찰이 이루어져야 한다. 이러한 제안은 교육과정과 교사용 지도서에 제시되어 있는 문장의 형태를 비교·분석한 결과에 따른 것이다. 교사용 지도서에는 주로 "무엇무엇은……이다"와 같은 문장의 형태로 원리를 제시하고 있으며, 교육과정에는 주로 "무엇과 무엇과의 관계를 파악하게 한다"와 같은 문장의 형태로 원리를 제시하고 있는데, 교육과정에 주로 제시되어 있는 문장 형태는 경제교육의 원리를 제시하기보다는 그 원리가 무엇에 관한 원리라는 것을 간접적으로 알려주는 문장 형태라고 할 수 있다. 이렇게 볼 때 교육과정에 경제교육의 원리를 보다 명료하게 제시하는 방식에 대한 고찰이 요구된다. 또한 이러한 제안은 세 가지 학습 활동을 가르칠 내용과 함께 명료하게 제시하고 있는 7차 교육과정에 따른 수업에서 학습 활동에 의해 교육 내용을 가르쳤다고 인식한 교사들의 비율이 매우 높게 나타났다는 분석 결과에 따른 것이기도 하다. 3, 4, 5, 6차 교육과정과 비교하여, 7차 교육과정에는 세 가지 학습 활동이 가르칠 내용과 함께 명료하게 제시되어 있었으며, 수업에서 학습 활동을 통해 교육 내용을 가르쳤다고 인식하는 교사 비율이 높게 나타났다. 이러한 분석 결과는 학습 활동을 가르칠 내용과 함께 제시할 경우 수업에서 학습 활동에 의해 교육 내용을 가르쳤다고 인식하는 교사들의 비율이 높아질 수 있는 가능성을 시사한다. 이렇게 볼 때 학습 활동을 어떻게 제시할 것인가에 대한 보다 깊이 있는 고찰이 이루어져야 할 것이다.

넷째, 교육과정과 해설서 및 지도서에 제시되는 경제교육 내용은 구조를 이루어야 한다. 이러한 제안은 교육과정과 해설서 및 지도서에 제시되어 있는 경제교육 내용이 구조를 이루지 않을 경우, 실제 수업에서 사실을 가르쳤다고 인식하는 교사들의 비율이 특히 높게 나타났다는 분석 결과에 따른 것이다. 즉 여러 단편적인 사실과 개념을 관련지어 설명하는 원리가 교육과정과 해설서 및 지도서에 제시되어 있지 않을 경우, 교사들은 사실적 지식들을 가장 중요한 교육 내용으로 인식하고 있었으며, 또한 수업에서 사실을 가르쳤다고 인식하는 교사들의 비율도 가장 높게 나타났다는 분석 결과에 따른 것이다. 이렇게 볼 때 지금까지의 교육에 대해 가장 큰 문제점으로 지적되어 온 단편적인 사실 위주의 교육을 탈피하기 위해서는 여러 단편적 사실과 개념, 원리들 간의 관련성, 즉 교육 내용의 구조를 교육과정에 명료하게 제시하는 것이 요청된다고 볼 수 있다.

다섯째, 수업에서 교사들이 경제교육의 개념과 원리를 학습 활동을 통해 가르칠 가능성을 높이기 위해서는 반드시 교육과정과 해설서 및 지도서에 이들 내용 및 학습 활동을 명료하게 제시하여야 한 다. 이러한 제안은, 교사들이 교육과정과 해설서 및 지도서에 제시되 어 있는 개념과 원리를 더 중요하게 인식하고 있으며, 수업에서도 교육과정에 제시되어 있는 개념과 원리를 가르쳤다고 인식하는 교사 들의 비율이 더 높았다는 분석 결과에 의한 것이다. 또한 교사들이 교육 내용을 가르치기 위해 수업에서 제공했다고 인식한 학습 활동 은 주로 교육과정과 해설서 및 지도서에 제시되어 있는 학습 활동이 었다는 분석 결과에 따른 것이다. 이러한 분석 결과는 교육과정과 해설서 및 지도서에 가르쳐야 할 개념과 원리 및 학습 활동을 명료 하게 제시하는 것이 무엇보다 중요함을 의미하는 것으로 볼 수 있다.

이제 새롭게 시작된 2000년대는 교과서에 제시되어 있는 단순 사 실이나 현상에 대한 설명을 암기하는 교육에서 벗어나 교육 내용을 그 성격에 맞게 올바르게 가르쳐야 한다는 데에는 교사와 교육 관련 자 대부분이 동의한다. 만일 그렇다면, 교육 내용의 성격이 무엇인지, 그리고 그러한 성격의 교육 내용이 교육과정에 올바르게 제시되어 있는지를 고찰해 보는 노력이 무엇보다 절실히 요구된다. 수업 현장 에서 교사들이 교육과정 중심의 교육을 보다 명료하게 그리고 용이 하게 실천할 수 있도록, 이 책에서 제시한 몇 가지 제안점을 토대로 교육과정과 교육과정 해설서, 교사용 지도서에 교육 내용을 보다 명 료하게 제시하는 방안에 대한 다양한 후속 연구를 기대해 본다.

참고문헌

교육부(1973a). 『국민학교 교육과정』. 문교부.

_____(1973b). 『국민학교 교육과정 해설』. 문교부.

_____(1973c). 『사회 3학년 교과서』. 문교부.

_____(1973d). 『사회 4학년 교과서』. 문교부.

_____(1981a). 『국민학교 교육과정』. 문교부.

_____(1981b). 『국민학교 교육과정 해설』. 문교부.

_____(1981c). 『사회 3학년 교과서』. 문교부.

_____(1981d). 『사회 4학년 교과서』. 교육부.

_____(1987a). 『국민학교 교육과정』. 문교부

_____(1987b). 『국민학교 교육과정 해설』. 문교부.

_____(1987c). 『사회 3학년 교과서』. 문교부.

_____(1987d). 『사회 4학년 교과서』. 교육부.

_____(1992a). 『국민학교 교육과정』. 교육부.

_____(1992b). 『국민학교 교육과정 해설』. 교육부.

_____(1992c). 『국민학교 사회 3학년 교과서』. 교육부.

_____(1992d). 『국민학교 사회 4학년 교과서』. 교육부.

_____(1992e). 『국민학교 사회 교사용 지도서 3학년』. 교육부.

_____(1992f). 『국민학교 사회 교사용 지도서 4학년』. 교육부.

_____(1997a). 『사회과 교육과정』. 교육부.

_____(1997b). 『초등학교 교육과정 해설』. 교육부.

_____(1997c). 『초등학교 사회 3학년 교과서』. 교육부.

_____(1997d). 『초등학교 사회 4학년 교과서』. 교육부.

_____(1997e). 『초등학교 교사용 지도서 3학년』. 교육부.

_____(1997f). 『초등학교 교사용 지도서 4학년』. 교육부.

교육부(1999). 『창조적 지식기반 국가건설을 위한 교육발전 5개년 계획
　　　(시안)』. 서울: 교육부.

김경자(1999). "초등학교 수행평가의 의미와 그 개혁 전략: 미국 사례를
　　　중심으로". 『초등교육연구』. 13(1). 157-184.

_____(2000). 『학교교육과정론』. 서울: 교육과학사.

김신영, 백순근, 채선희(1998). "국가 수준의 '성취기준 및 평가기준' 개
　　　발에 대한 고찰". 『교육평가연구』. 11(1). 47-73.

김영채(1999). 『창의적 문제해결: 창의력의 이론, 개발과 수업』. 서울:

과학사.

김일기 외(1998). 『제7차 교육과정의 상세화를 통한 사회과 내용 체계에 관한 연구』. 한국교원대학교 사회과 교육과정 연구위원회.

김재형, 최용규(1996). 『초·중등 사회과 교육 목표의 학년별 체계화 연구』. 한국교원대학교 부설 교과교육 공동연구소.

박재문(1998). 『지식의 구조와 구조주의』. 서울: 교육과학사.

백순근(1998). 『국가 교육과정에 근거한 평가 기준 및 도구 개발 연구 (총론)』. 서울: 한국교육과정평가원.

성일제 외(1989). 『사고 교육의 이론과 실제』. 서울: 배영사.

송광한, 양성진 (공역)(1995). 『사고력 진단』. 서울: 한울.

이돈희(1999). "지식기반사회의 도래와 교육의 새로운 위상". 『지식기반 사회와 교육』. 교육부 정책과제 보고서.

이돈희 외(1997). 『제7차 교육과정 개정에 따른 교과 교육과정 개발 체제에 관한 연구』. 서울: 한국교육개발원 교육과정 개정 연구 위원회.

이명희 외(2000). 『사회과 교육목표 및 내용체계 연구 Ⅰ』. 한국교육과정평가원.

이영덕(1997). "교육과정 계획". 『교육과정과 교육평가』. 서울: 교육과학사. 139-215.

이홍우(1992). 『증보 교육과정탐구』. 서울: 박영사.

_____(1998). 『지식의 구조 Bruner』. 교육이론지맥 C1. 서울: 교육과학사.

장상호(2000). 『학문과 교육(상)』. 서울대학교 출판부.

전숙자(1987). "사회발전과 사회과 교육의 기본 방향". 『사회과 교육』. 18.

전홍렬(1997). "초등학교 경제교육의 실효성에 관한 연구". 『경제교육연구』. 3. 한국경제교육학회. 159-239.

정병모 외(1996). 『사회과 교육론』. 서울: 교육출판사.

정병욱(1994). 중·고 사회 교과서 경제교육 내용과 배열의 변천에 대한 연구. 서울대학교 대학원 박사학위 청구논문.

정정도(1986). "경제 교육에서 사고력 신장에 관한 연구". 『사회과 교육』 제10집. 한국사회과 교육학회.

조도근외(1992). 『경제교육론』. 서울: 교학연구사.

조영달 외(1994). 『초·중·고등학교의 경제교육 관련 교육과정 및 교과서 분석-경제 내용과 경제의식을 중심으로』. 한국개발연구원 국민경제교육연구소.

최석진 외(1994). 『고등학교(공통 사회) 국가수준 평가기준 개발연구』. 한국교육개발원.

최성욱(1995). 교육과정 개념화의 대안적 접근. 『교육학연구』. 33(5). 193-216.

최정실(1990). 지식교육에 대한 현상학적 고찰. 이화여자대학교 대학원 박사학위 청구논문(미간행).

허경철 외(1995). 『고등학교 국어, 중학교 수학 교육과정 상세화 및 평가 기준 개발 연구』. 한국교육개발원.

홍은숙(1999). 『지식과 교육』. 서울: 교육과학사.

황규호(1997). 교과 교육과정의 교육 내용 진술 방식 개선 과제. 『초등교육연구』. 11. 161-184.

Afolabi, Sol K.(1979). New Dimensions in Social Studies: Focus on Skills. *ED 187 708.*

Banks, J. A.(1986). 『사회과 교수법과 교재연구』. 최병모(역). 서울: 교육과학사.

_____(1990). *Teaching Strategies for the Social studies: Inquiry, Valuing and Decision-Making, 4th ed.* New York: Longman.

Banaszak, R. A.(1991). *Social Science Perspective on Citizenship Education.* NY & London: Teachers Colleage, Columbia University.

Bloom, B. S. et als.(eds.) (1956). *Taxanomy of Education Objectives. Handbook I: Cognive Domain.* N.Y.: David McKay Co.

Broudy, H. S. B. O. Smith, and J. R. Burnett(1964). *Democracy and Excellence in American Secondary Education.* Chicago: Rand McNally & Co.

Bruner, J. S.(1960). *The Process of Education.* 이홍우(역)(1973). 서울: 배영사.

_____(1962). *On Knowing: Essays for the Left Hand.* N. Y., Harvard University Press.

Eisner, E. W.(1983). 『교육적 상상력』. 이해명(역). 서울: 단대출판부. 1985.

Finn, C. E. Jr. Michael J. Petrilli, and G. Vanourek(1998). The State of State Standards. *Fordham Report.* 2(5).

Gagne, R. M.(1971). *The Conditions of Learning(2nd ed.).* N.Y.: Holt, Rinehart & Winston.

Griffiths, D. E(1959). *Administrative Theory.* N.Y.: Applet Century Crofts. Inc.

Gilliard, J. V. Chair, et al.(1998). *Economics: What and When, Scope and Sequence Guidelines, K-12.* New York: JCEE.

Hirst, P. H. & R. S. Peters.(1970). *The Logic of Education.* London: Routledge and Kegan Paul.

Hussurl, E.(1988). 『현상학의 이념: 엄밀한 학으로서의 철학』. 이영호, 이종훈 (공역). 서울: 서광사.

Kendall, J. S. and R. J. Marzano(2000). *Content Knowledge: A Compendium of Standards and Benchmarks for K-12 Education(2nd. ed).* Aurora, Co: McREL.

Kuhn, T. S.(1970). *The Structure of Scientific Revolution.* the 2nd enlarged ed., Chicago: University of Chicago Press.

Lipman, M(1984). "The Cultivation of Reasoning through Philosophy". *Educational Leadership(September).* 51-56.

Livingstone, R. T(1953). *The Theory of Organization and Management, Transactions of the ASME.* May

McPeck, John E.(1981). *Critical Thinking and Education.* New York: St. Martin's Press.

NCEE(1983). *A Nation at Risks: The Imperative for Educational Reform. A Report to the Nation and the Secretary of Education.* Washington, D.C.: United States Department of Education.

NCSS(1994). *Expectations of Excellences: Curriculum Standards for Socials Studies.*

Oakeshoot, M.(1975). *On Human Conduct.* London: Oxford University.

O'Neil(1993). Can National Standards Make a Difference?. *Educational Leadership*, 50(5), 4-9.

Orlosky, D. E. & B. O. Smith(1978). *Curriculum Development Issues and Insights*. Chicago: Rand McMally Colledge Publishing Co.

Patrick, J. J.(1981). Critical Thinking in the Social Studies, *ERIC Digest No.30*.

Rogers, B(1997). Informing the shape of the curriculum: new views of knowledge and its representation in schooling. *Journal of curriculum Studies*. 29(6), 683-710.

Ryle, Gillbert(1949). *The Concept of Mind*. New York: Barns & Noble.

Savage, T. V. & D. G. Armstrong(2000). *Effective Teaching in Elementary Social Studies(4th)*. Prentice-Hall, Inc.

Schwab, J.(1978). *Science, Curriculum, and Liberal Education*. Chicago & London: The University of Chicago Press.

Seixas, P(1999). Beyond 'Content' and 'Pedagogy': in search of a way to talk about history education. *Journal of Curriculum Studies*. 31(3), 317-337.

Stengel, B. S.(1997). 'Academic discipline' and 'school subject': contestable curricular concepts. *Journal of Curriculum Studies*. 29(5), 585-602.

Sternberg, R. J.(1984). "How Can We Teach Intelligence?". *Educational Leadership*, 9월호.

Symmes, S. S.(1981). 『경제교육과 사회과 교육』. 임천순(역)(1987). 한국교육개발원.

Suglia, A. F(1986). 『한국의 경제교육-체계적 개발 방향과 국가 계획』. 서울: 대한상공회의소.

Taba, H.(1962). *Curriculum Development: Theory and Practices*, N. Y: Harcourt, Brace and World Inc.

Tyler, R.(1949). 『교육과정과 학습지도의 기본원리』. 이해명(역)(1998). 교육과학사.

부 록

<부록 1> 제7차 초등학교 3학년 사회과 교육과정에 제시되어 있는 경제교육의 개념 분석 근거

경제교육의 개념	분석 근거
1. 의식주	교육과정 해설서 - 시장과 물자 이동의 주제는 의식주의 개념을 바탕으로……시장을 중심으로 우리 고장을 하나의 고장으로 통합시켜 주고 있다는 것을 이해하게 한다.(p.252)
2. 소비자	교사용 지도서 - 물건의 소비자(손님) 가운데는 직접 물건을 구입하기 위해 시장에 모인 소비자, 구경하기 위해 모인 소비자, 다른 시장과의 물건을 비교하기 위해 모인 소비자가 있다.(p.184)
3. 직업	교사용 지도서 - '부모님께서 하시는 일'에서는 서로 다른 자연환경으로 고장마다 다양한 직업들이 생겨나며, 그러한 직업들이 고장을 발전시키게 된다는 사실을 지도한다.(p.139)
4. 산업 (산업구조)	교사용 지도서 - 산업의 개념 알기(산업이란 우리 생활에 필요한 여러 가지 것을 만들거나 도와주는 모든 활동들을 말한다.) 사업별로 분류하기(p.150)
5. 자원 이용 및 개발	교육과정 해설서 - 고장 사람들이 자연환경을 슬기롭게 활용하여 생활하고 있음을 이해하게 한다.(p.250)
6. 수요·공급	교사용 지도서 - 시장의 역할 - 수요량과 공급량을 결정해 준다. 수요가 많아지면 시장은 많은 상품을 공급한다. 시장은 물건에 대한 수요량을 조절하는 기능을 한다.
7. 시장	교사용 지도서 - '시장으로 모여드는 사람들'에서는 고장의 중심지로서의 시장, 생산과 소비의 중심지로서의 시장, 물자 유통의 중심지로서의 시장을 학습한다.(p.177)
8. 물자 유통	교육과정 해설서 - 물자 교류를 통하여 우리 고장은 다른 고장과 관계를 맺는다.(p.252)

<부록 2> 제7차 초등학교 4학년 사회과 교육과정에 제시되어 있는 경제교육의 개념 분석 근거

경제교육의 개념	분석 근거
1. 희소성	교육과정 - 가정의 수입과 가족들이 사고 싶은 것을 조사하여 사람들의 욕망에 비해 자원은 한정되어 있음을 알아낸다.(p.39)
2. 소비	교육과정 - 여러 가정에서 이루어지는 기본 소비 항목을 알아본다.(p.40)
3. 소득	교육과정 - 여러 가정에서 소득을 얻는 방법을 알아보고, 가정마다 소득 형태가 다름을 파악한다.(p.39)
4. 직업	교사용 지도서 - 직업의 의미를 이해하고 새로운 직업이 계속 나타나는 이유를 학습한다.(p.150)
5. 생산	교사용 지도서 - 우리 지역의 주요 산업의 현황과 그 산업에 이용되고 있는 자원의 개발을 주요 내용으로 한다.(p.150)
6. 산업	교사용 지도서 - 우리 지역의 주요 산업의 형황과 그 산업에 이용되고 있는 자원의 개발을 주요 내용을 한다.(p.124)
7. 자원	교사용 지도서 - 경제활동은 그 지역의 자연환경과 밀접한 관련 속에 이루어지고 있으며, 자원의 효율적인 이용, 개발이 중요하다는 것을 이해한다.(p.258)
8. 분업	교사용 지도서 - 한 가지 물건을 만드는 데 여러 사람들이 있다는 단순한 분업의 의미를 벗어나 생산 활동에서 다양화되고 전문화된 현대적 의미의 분업을 가르친다.(p.150)
9. 공공재	교사용 지도서 - 주민들이 일상생활을 하면서 혜택을 받는 여러 가지 공공재에 대한 개념을 이해한다.(p.140)
10. 시장	교사용 지도서 - 시장은 사람과 사람 간, 지역과 지역 간, 그리고 국가와 국가 간의 교류가 활발히 일어나는 지역 경제의 중심지임을 알게 한다.(p.156)
11. 물자 유통	교사용 지도서 - 물건의 생산, 유통과정이 지역과 국가의 경제에 영향을 주고 있음을 이해한다.(p.164)
12. 가격	교사용 지도서 - 유통과정에 따라 물건의 가격차가 나타남을 이해한다.(p.165)
13. 화폐	교사용 지도서 - 물물교환의 경험을 통하여 화폐의 사용이 가져온 편리성을 알아본다.(p.156)
14. 수출·수입	교사용 지도서 - 지방자치단체나 기업은 그 시·도의 자원을 이용한 상품을 개발하여 해외로 수출하고 있음을 알아본다.(우리 고장의 특산물 중 외국에 수출되는 상품이나 사례 찾기, 수출품과 지역의 자원과의 관계 찾기, 우리 고장의 외국 상품 수입업체 찾기(p.134)

<부록 3> 제7차 초등학교 3·4학년 사회과 교육과정에 제시되어 있는 경제교육의 원리 분석 근거

학년	경제교육의 원리	분석 근거
3 학 년	1. 다양한 직업은 고장의 환경과 밀접한 관련을 가진다.	교사용 지도서 (수업의 기본 방향, p.139)
	2. 지역의 사람들은 지역이 자원을 효율적으로 이용하는 생산 활동을 하고 있다.	교육과정 해설서 (주제별 지도의 관점 및 요소, p.259)
	3. 산업 발달은 고장의 인문 및 자연환경과 밀접한 관련을 맺고 있다.	교사용 지도서 (핵심 내용, p.149)
	4. 시장에서는 물건이 유통되는 가운데 물건 생산자, 물건 소비자, 물건 운반자 등이 서로 관련을 맺고 있다.	교사용 지도서 (수업 자료 및 활동 아이디어, p.184)
	5. 시장은 물자 유통을 통하여 고장을 하나의 통합된 생활공간으로 결합시켜 준다.	교육과정 해설서 (주제별 지도의 관점 및 요소, p.252)
	6. 우리 고장은 시장에서의 물자 유통을 통하여 다른 고장과 상호 의존 관계를 맺고 있다.	교육과정 해설서 (주제별 지도 내용, p.252)
4 학 년	1. 시·도의 주요 산업은 그 시·도 특유의 자원 개발 및 이용과 깊은 관계를 가진다.	교사용 지도서 (핵심 내용, p.125)
	2. 우리의 경제생활이 잘 이루어지려면 여러 직업을 가진 사람들 간에, 또 지역 간에 협력이 필요하다.	교사용 지도서 (주제별 지도 내용, p.148)
	3. 지역 사람들은 지방자치단체와 함께 지역의 공익을 위하여 노력하고 있다.	교사용 지도서 (핵심 내용, p.140)
	4. 물자 유통의 단계에 따라 생산품의 가격이 달라진다.	교사용 지도서 (학습전개과정, p.165)
	5. 물건의 생산과 유통은 지역 및 국가의 경제활동에 영향을 미친다.	교사용 지도서 (핵심 내용, p.164)
	6. 생산이 분업화되고 유통이 발달할수록 경제생활은 다른 사람과 다른 지역에 더욱 의존하게 된다.	교육과정 해설서 (주제별 지도의 관점 및 요소, p.260)
	7. 돈은 나누기 쉽고, 편리하고, 이동, 저장하기 쉽기 때문에 물물교환이 가지는 문제를 줄인다.	교사용 지도서 (수업 자료 및 활동 아이디어, p.162)
	8. 지방자치단체나 기업은 시·도의 자원을 이용한 상품을 개발하여 해외로 수출한다.	교사용 지도서 (핵심 내용, p.132)

<부록 4> 제7차 초등학교 3 · 4학년 사회과 교육과정에 제시 되어 있는 학습 활동 분석 근거

탐구 활동	3학년	4학년
정보 수집 및 활용 활동	• 관찰법, 설문지법, 면접법 등을 통하여 자료 조사하기(교사용 지도서, p.139) • 조사된 자료를 분류하여 통계표나 도표로 만들고 해석하기 (교사용 지도서, p.139) • 조사 계획 세우기(교사용 지도서, p.154) • 견학보고서 작성하기(교사용 지도서, p.155)	• 자연 · 인문 환경에 대한 정보들을 지도, 그래프, 도표로 나타내기(교사용 지도서, p.122) • 다양한 지도, 그래프, 도표 등의 자료 해석, 분석하기(교사용 지도서, p.122) • 시 · 도의 대표적인 생산 활동과 자원, 유통에 관한 여러 가지 정보 수집, 요약, 정리하기 (교사용 지도서, p.122) • 설문지, 조사 계획표 작성하기 (교사용 지도서, p.144, 152)
문제 해결 및 사고 활동	• 유형화된 직업과 산업의 종류를 알아보고 자연환경과 산업, 직업 간의 관련성 찾기(교사용 지도서, p.149)	• 우리 고장의 자연환경, 산업, 특산물에 대한 자료를 조사하여 이들 간의 관계 찾기(교사용 지도서, p.126) • 도시와 농어촌 간, 외국과의 물자 이동 사례를 들어 물자 유통이 산업 발달에 미치는 영향 이해하기(교육과정, p.37) • 생활 경험이나 사례로부터 추론하기(교육과정 해설서, p.260)
참여 활동	• 일상생활에서 고장의 문제 해결을 위해 노력하기(교육과정, p.32)	

202

<부록 5> 1차 초등학교 3학년 설문지에 제시된 경제교육 내용

-생산 영역-

내용의 수준	경제교육 내용
사실	1. 고장 사람들의 직업 종류 2. 고장의 주요 산업 종류 3. 고장의 주요 산업 분류 4. 고장의 자연환경과 자원 종류 및 이용 모습
개념	5. 생산, 생산 요소 6. 산업, 산업구조 7. 자원, 자연자원, 인간자원
원리	8. 다양한 직업은 고장의 환경과 밀접한 관계를 가진다 9. 지역의 사람들은 지역의 자원을 효율적으로 이용하는 생산 활동을 한다 10. 각국의 산업구조는 1차 산업에서 2차, 3차 산업을 거쳐 이행해 가고 있다 11. 산업 발달은 고장의 인문 및 자연환경과 밀접한 관련을 맺고 있다

-시장 영역-

내용의 수준	경제교육 내용
사실	12. 우리 생활에 필요한 것들 13. 시장에 모여드는 사람들(예: 물건의 생산자, 물건의 소비자, 물건의 판매자 등) 14. 시장에서 판매되는 물건 15. 시장의 종류(예: 생선가게, 야채가게, 새로 생겨나는 시장 등) 16. 시장이 없을 때의 불편한 점 17. 시장의 구실(예: 판매, 문화정보 교류 등) 18. 시장의 위치 조건(예: 교통이 편리한 곳) 19. 시장에서 유통되는 물건의 유통 경로

내용의 수준	경제교육 내용
개념	20. 소비(의·식·주), 소비자 21. 생산, 생산자 22. 시장 23. 수요 공급 24. 물자 유통
원리	25. 시장에서는 물건이 유통되는 가운데 물건 생산자, 물건 판매자, 물건 소비자, 물건 운반자 등이 서로 관련을 맺고 있다 26. 시장은 물자의 유통을 통하여 고장을 하나의 통합된 생활공간으로 결합시켜 준다 27. 우리 고장은 시장에서의 물자 유통을 통하여 다른 고장과 상호 의존 관계를 맺고 있다

<부록 6> 1차 초등학교 4학년 설문지에 제시된 경제교육 내용

-생산 영역 -

내용의 수준	경제교육 내용
사실	1. 우리 지역의 자원 이용 및 개발 사례 2. 여러 시·도의 특산물과 전통 산업 3. 여러 지역 주민들의 생활 모습 4. 우리 시·도에서 판매되는 물건의 생산지 5. 지자체가 지역경제 발전을 위해 하는 일 6. 지역 내의 공공재의 종류 7. 지역 주민들이 원하는 공공재의 종류 8. 여러 생산 활동에서의 분업의 사례 9. 새로 생겨나는 직업의 종류
개념	10. 생산, 생산 요소, 생산지 11. 산업 12. 자원, 자연자원, 인간자원 13. 분업 14. 직업 15. 공공재
원리	16. 시·도의 주요 산업은 그 시·도 특유의 자원 개발 및 이용과 깊은 관계를 가진다 17. 우리의 경제생활이 잘 이루어지려면 여러 직업들 간에, 또 지역 간에 협력이 필요하다 18. 지역 사람들은 지방자치단체와 함께 지역의 공익을 위해 노력하고 있다 19. 지역 전체의 생산이 분업화되고 유통이 발달할수록 모든 사람들의 경제생활은 다른 사람과 다른 지역에 더욱 의존하면서 이루어진다

-시장 영역-

내용의 수준	경제교육 내용
사실	20. 물물교환의 불편함 21. 돈의 필요성 22. 시장에서 일하는 사람들이 하는 일 23. 주변 물건들의 생산지 24. 물건들의 다양한 유통 경로 25. 지역 간의 물자 교환 사례
개념	26. 생산, 생산자, 생산 요소 27. 소비, 소비자 28. 분업 29. 시장 30. 물자 유통 31. 화폐 32. 가격
원리	33. 물자 유통 단계에 따라 생산품의 가격이 달라진다 34. 돈은 나누기 편리하고 이동, 저장하기 쉽기 때문에 물물교환이 가지는 문제를 줄인다. 35. 물건의 생산과 유통은 지역 및 국가의 경제활동에 영향을 미친다

-국제경제 영역-

내용의 수준	경제교육 내용
사실	36. 우리 시·도의 수출품 37. 다른 나라에서 우리 시·도로 들어오는 물건 38. 나라 간 물자 교환의 사례
개념	49. 수출, 수입
원리	50. 지방자치단체나 기업은 그 시·도의 자원을 이용한 상품을 개발하여 해외로 수출한다.

<부록 7> 2차 설문지에 추가된 경제교육 내용

- 3학년 -

경제교육 내용영역	내용수준	경제교육 내용
생산	개념	· 희소성
	원리	· 인간이 이용할 수 있는 자원은 제한되어 있다. · 생산은 생산 요소의 기술적인 결합을 통해 다양한 형태로 이루어지며, 경제규모와 생활수준에 큰 영향을 미친다.
시장	개념	· 가격
	원리	· 개별 생산자들은 그들의 기본적 필요를 만족시키기 위하여 다른 사람들과 교환한다. · 생산된 생산물은 시장에서의 교환을 통해 소비자에게 배분된다. · 시장에서는 상품을 팔려는 사람과 상품을 사려는 사람이 만족하게 되는 가격이 결정된다. · 시장은 요구와 자원 간의 불균형을 해소하기 위한 배분체계로 인간의 경제활동의 중심이 되며, 시장에서의 교환을 통한 경제적 상호 의존성은 증대되어 왔다.

－4학년 －

경제교육 내용영역	내용의 수준	경제교육 내용
생산	개념	·희소성
	원리	·인간이 이용할 수 있는 자원은 제한되어 있다. ·분업과 전문화의 발달로 다양한 직업이 계속 생겨난다. ·분업의 발달은 생산의 효율성을 높이고 경제력의 발전을 가져왔다. ·고도의 분업과 전문화는 오늘날 생산 활동의 특징이다. ·생산은 생산 요소의 기술적인 결합을 통해 다양한 형태로 이루어지며, 경제규모와 생활수준에 큰 영향을 미친다.
시장	원리	·전문화는 생산의 능률을 높이고 전문화의 정도가 클수록 시장제도의 필요성은 커진다. ·교통·통신의 발달로 물자 유통이 활발해지면서 경제적 상호 의존성은 더욱 증가되어 왔다. ·시장은 욕구와 자원 간의 불균형을 해소하기 위한 배분체계로 인간의 경제활동의 중심이 되며, 시장에서의 교환을 통한 경제적 상호 의존성은 증대되어 왔다.
국제경제	개념	·국제경제 ·무역
	원리	·오늘날 국가 간의 경제적 교류와 협력 관계는 점차 증대하고 있다. ·자원과 인구의 불평등한 분배는 무역을 경제적 복지의 필수 요소로 만든다.

<부록 8> 1차 설문지와 2차 설문지 분석 결과 비교

			1차 설문지 분석 결과	2차 설문지 분석 결과
3학년	생산	사실	3.00(2.44)	3.56(1.89)
		개념	2.87(2.88)	3.07(0.58)
		원리	3.50(1.50)	3.60(3.21)
	시장	사실	3.00(3.20)	3.87(2.51)
		개념	2.87(2.07)	3.37(2.50)
		원리	3.90(3.50)	3.20(2.12)
4학년	생산	사실	4.10(1.41)	3.60(1.98)
		개념	4.33(2.91)	3.60(1.84)
		원리	3.56(2.57)	4.07(1.57)
	시장	사실	3.96(3.11)	4.10(1.64)
		개념	3.68(3.70)	4.10(2.55)
		원리	4.04(3.83)	3.09(1.96)
	국제경제	사실	3.80(1.82)	4.02(1.52)
		개념	3.98(1.81)	4.02(1.34)
		원리	4.02(1.25)	3.06(1.22)

<부록 9> 3학년 설문지

제7차 사회과 교육과정과 교과서에 제시된
경제교육 내용에 대한 질문지

안녕하십니까?

  이 질문지는 제7차 사회과 교육과정과 교과서에 제시된 경제교육 내용을 수업에서 선생님들이 어떻게 가르치시는지를 알아보기 위한 것입니다. 선생님께서 실제로 가르치신 내용을 솔직하게 응답해 주시면 감사하겠습니다.

  질문지를 통해 수집된 자료는 개인단위가 아닌 집단단위로 분석될 것이며 그 결과는 연구의 목적으로만 사용하겠습니다. 선생님의 귀한 의견이 연구에 반영될 수 있도록 모든 문항에 답해 주시면 감사하겠습니다. 바쁜 시간 할애해 주셔서 대단히 고맙습니다.

2001년 6월

이화여자대학교 대학원 박사과정 전영미 올림

※ 다음은 선생님의 개인적 배경에 관한 질문입니다. 해당되는 번호
   에 ○표 해 주십시오.

1. 성 별:
                    ① 남 ( )   ② 여( )

2. 학교설립유형:
                    ① 국·공립( )   ② 사립( )

3. 담당학년:
                    ① 3학년( )   ② 4학년( )

4. 교직경력:
                    ① -5년 미만( )   ② 5-10년 미만( )
                    ③ 10-15년 미만( )   ④ 15년 이상

5. 출신학교:
                    ① 사범학교( )   ② 초급대( )
                    ③ 4년제 국립교육대학( ) ④ 사립대학( )

I. 다음은 3학년 1학기 2단원 중 '고장 사람들이 하는 일'과 3단원
   중 '시장과 우리 생활'의 경제교육 내용을 사실, 개념, 원리로 구
   조화한 것입니다.
   ① 아래 문항 중에서 선생님께서 수업시간 중에 가르치신 내용에는
      ○표 해 주시고 가르치지 않으신 내용에는 X표 해주십시오.
   ② 모든 문항에 대해 아래의 내용이 해당 학년을 가르치실 때 얼
      마나 중요하다고 생각하시는지 그 중요도를 해당 번호에 ○표
      해 주십시오.

〈참고자료〉

(1) 사실 수준의 교육 내용

  ○ 의미: 특징 형상이나 상황을 있는 그대로 기술한 것

  ○ 예: 우리 고장의 시장에는 생선가게가 있다.

(2) 개념 수준의 교육 내용

  ○ 의미: 특징이나 속성을 공유하는 형상에 붙인 명칭

  ○ 예: 시장, 생산, 산업

  ○ 개념을 가르친다는 것

    • 개념에 해당하는 사례와 그렇지 않은 사례를 구분하도록 하기

    • 개념에 해당하는 사례들의 공통적 특징을 찾아보기

    • 여러 사례들을 범주화하여 개념을 형성하도록 하기 등

  ※ 개념의 사전적 정의를 설명하는 것은 개념 획득 및 형성 교
    육으로 볼 수 없음

(3) 원리 수준의 교육 내용

  ○ 의미: 사실 또는 개념들 간의 관계를 진술한 것

  ○ 예: 지역사회의 사람들은 서로 의존해 가면서 살아간다.

  ○ 원리를 가르친다는 것

    • 여러 특수 사실 및 개념들을 적절한 범주로 조직하기

    • 범주 내의 자료들을 비교하고 그들 간의 관련성을 설명하기

    • 사실 또는 개념들 간의 관계를 설명할 수 있는 진술문 만들어 보기

    • 비슷한 상황에 적용할 수 있는 진술문 만들어 보기

1. 3학년 1학기 2단원 중 '고장 사람들이 하는 일'

내용의 수준	경제교육 내용	수업에서 가르친 내용	내용의 중요도				
			전혀 중요 하지 않다	별로 중요 하지 않다	보통 이다	약간 중요 하다	매우 중요 하다
사실	1. 고장 사람들의 직업 종류		1	2	3	4	5
	2. 고장의 주요 산업 종류		1	2	3	4	5
	3. 고장의 주요 산업 분류		1	2	3	4	5
	4. 고장의 자연환경과 자원 종류 및 이용 모습		1	2	3	4	5
개념	5. 희소성		1	2	3	4	5
	6. 생산, 생산 요소		1	2	3	4	5
	7. 산업, 산업구조		1	2	3	4	5
	8. 자원, 자연자원, 인간자원		1	2	3	4	5
원리	9. 다양한 직업은 고장의 환경과 밀접한 관계를 가진다.		1	2	3	4	5
	10. 지역의 사람들은 지역의 자원을 효율적으로 이용하는 생산 활동을 한다.		1	2	3	4	5
	11. 인간이 이용할 수 있는 자원은 제한되어 있다.		1	2	3	4	5
	12. 각국의 산업구조는 1차 산업에서 2차, 3차 산업을 거쳐 이행해 가고 있다.		1	2	3	4	5
	13. 산업 발달은 고장의 인문 및 자연환경과 밀접한 관련을 맺고 있다.		1	2	3	4	5
	14. 생산은 생산 요소의 기술적인 결합을 통해 다양한 형태로 이루어지며, 경제규모와 생활수준에 큰 영향을 미친다.		1	2	3	4	5

2. 3학년 1학기 3단원 중 '시장과 우리 생활'

내용의 수준	경제교육 내용	수업에서 가르친 내용	내용의 중요도				
			전혀 중요하지 않다	별로 중요하지 않다	보통 이다	약간 중요 하다	매우 중요 하다
사실	15. 우리 생활에 필요한 것들		1	2	3	4	5
	16. 시장에 모여드는 사람들(예: 물건의 생산자, 물건의 소비자, 물건의 판매자 등)		1	2	3	4	5
	17. 시장에서 판매하는 물건		1	2	3	4	5
	18. 시장의 종류(예: 생선가게, 야채가게, 새로 생겨나는 시장 등)		1	2	3	4	5
	19. 시장이 없을 때의 불편한 점		1	2	3	4	5
	20. 시장의 구실(예: 판매, 문화 정보, 교류 등)		1	2	3	4	5
	21. 시장의 위치 조건(예: 교통이 편리한 곳)		1	2	3	4	5
	22. 시장에서 유통되는 물건의 유통 경로		1	2	3	4	5
개념	23. 소비(의·식·주), 소비자		1	2	3	4	5
	24. 생산, 생산자		1	2	3	4	5
	25. 시장		1	2	3	4	5
	26. 가격		1	2	3	4	5
	27. 수요 공급		1	2	3	4	5
	28. 물자 유통		1	2	3	4	5

내용의 수준	경제교육 내용	수업에서 가르친 내용	내용의 중요도				
			전혀 중요 하지 않다	별로 중요 하지 않다	보통 이다	약간 중요 하다	매우 중요 하다
원리	29. 개별 생산자들은 그들의 기본적 필요를 만족시키기 위하여 다른 사람들과 교환한다.		1	2	3	4	5
	30. 생산된 생산물은 시장에서의 교환을 통해 소비자에게 배분된다.		1	2	3	4	5
	31. 시장에서는 물건이 유통되는 가운데 물건 생산자, 물건 판매자, 물건 소비자, 물건 운반자 등이 서로 관련을 맺고 있다.		1	2	3	4	5
	32. 시장에서는 상품을 팔려는 사람과 상품을 사려는 사람이 만족하게 되는 가격이 결정된다.		1	2	3	4	5
	33. 시장은 물자의 유통을 통하여 고장을 하나의 통합된 생활공간으로 결합시켜 준다.		1	2	3	4	5
	34. 우리 고장은 시장에서의 물자 유통을 통하여 다른 고장과 상호 의존 관계를 맺고 있다.		1	2	3	4	5
	35. 시장은 욕구와 자원 간의 불균형을 해소하기 위한 배분 체계로 인간의 경제활동의 중심이 되며, 시장에서의 교환을 통한 경제적 상호 의존성은 증대되어 왔다.		1	2	3	4	5

II. 다음은 탐구 활동과 관련된 것입니다. 실제 수업에서 다룬 활동
에 ○표 해 주십시오. 그리고 실제 수업에서 다룬 활동과 다루지
않은 활동 모두를 포함하여 해당 학년을 가르치실 때 각각의 활
동이 얼마나 중요하다고 생각하시는지 그 중요도를 해당 번호에
○표 해 주십시오.

번호	탐구 활동	수업에서 다룬 활동	중요도				
			전혀 중요 하지 않다	별로 중요 하지 않다	보통 이다	약간 중요 하다	매우 중요 하다
36.	조사하기(예: 직업의 종류, 물건의 생산지, 시장의 종류, 시장에 모여드는 사람 등)		1	2	3	4	5
37.	자료 정리·분류·분석·해석하기		1	2	3	4	5
38.	통계표·도표 읽기		1	2	3	4	5
39.	견학 계획(예: 산업현장, 시장 등) 세우기		1	2	3	4	5
40.	조사 보고서 작성하기		1	2	3	4	5
41.	정리된 자료를 통해 추론 및 검증하기(예: 고장의 산업 발달 이유 등)		1	2	3	4	5
42.	여러 현상을 관련지어 생각하기(예: 시장을 통한 여러 고장 간의 상호 의존, 산업·직업·환경과의 관계 등)		1	2	3	4	5
43.	고장의 일에 참여하기		1	2	3	4	5

Ⅲ. 선생님께서는 아래에 제시된 곳에 3학년 경제 단원에서 가르쳐
야 할 경제교육의 기본 개념과 원리가 어느 정도나 명료하게 제
시되어 있다고 생각하십니까?

〈교육 내용이 명료하게 제시되어 있는 정도〉

		전혀 중요 하지 않다	별로 중요 하지 않다	보통 이다	약간 중요 하다	매우 중요 하다
		1	2	3	4	5
44.	교육과정					
45.	교육과정 해설서	1	2	3	4	5
46.	교사용 지도서	1	2	3	4	5
47.	교과서	1	2	3	4	5

Ⅳ. 선생님께서는 수업 준비를 위하여 다음의 것들을 어느 정도나
참조하십니까?

〈수업 준비 시 참조하는 정도〉

		전혀 중요 하지 않다	별로 중요 하지 않다	보통 이다	약간 중요 하다	매우 중요 하다
		1	2	3	4	5
44.	교육과정					
45.	교육과정 해설서	1	2	3	4	5
46.	교사용 지도서	1	2	3	4	5
47.	교과서	1	2	3	4	5

V. 사회과에서 가르쳐야 할 교육 내용을 보다 명료하게 제시하기
   위한 개선 방안에 대해서 자유롭게 적어 주십시오.

끝까지 응답해 주셔서 대단히 감사합니다.

<부록 10> 4학년 설문지

제7차 사회과 교육과정과 교과서에 제시된 경제교육 내용에 대한 질문지

안녕하십니까?

이 질문지는 제7차 사회과 교육과정과 교과서에 제시된 경제교육 내용을 수입에서 선생님들이 어떻게 가르치시는지를 알아보기 위한 것입니다. 선생님께서 실제로 가르치신 내용을 솔직하게 응답해 주시면 감사하겠습니다.

질문지를 통해 수집된 자료는 개인단위가 아닌 집단단위로 분석될 것이며 그 결과는 연구의 목적으로로만 사용하겠습니다. 선생님의 귀한 의견이 연구에 반영될 수 있도록 모든 문항에 답해 주시면 감사하겠습니다. 바쁜 시간 할애해 주셔서 대단히 고맙습니다.

2001년 6월

이화여자대학교 대학원 박사과정 전영미 올림

※ 다음은 선생님의 개인적 배경에 관한 질문입니다. 해당되는 번호
에 ○표 해 주십시오.

1. 성   별:

        ① 남 ( )   ② 여( )

2. 학교설립유형:

        ① 국·공립( )   ② 사립( )

3. 담당학년:

        ① 3학년( )   ② 4학년( )

4. 교직경력:

        ① -5년 미만( )   ② 5-10년 미만( )

        ③ 10-15년 미만( )   ④ 15년 이상

5. 출신학교:

        ① 사범학교( )   ② 초급대( )

        ③ 4년제 국립교육대학( ) ④ 사립대학( )

Ⅰ. 다음은 4학년 1학기 2단원 '발전하는 시·도 경제'의 경제교육 내
용을 크게 생산, 시장, 국제경제 영역으로 나누고 각 영역의 내용
을 사실, 개념, 원리로 구조화한 것입니다.

  ① 아래 문항 중에서 선생님께서 수업시간 중에 가르치신 내용에
는 ○표 해 주시고 가르치지 않으신 내용에는 X표 해주십시
오.

  ② 모든 문항에 대해 아래의 내용이 해당 학년을 가르치실 때 얼
마나 중요하다고 생각하시는지 그 중요도를 해당 번호에 ○표
해 주십시오.

〈참고자료〉

(1) 사실 수준의 교육 내용

   ○ 의미: 특징 형상이나 상황을 있는 그대로 기술한 것

   ○ 예: 나주 배는 외국으로 수출된다.

(2) 개념 수준의 교육 내용

   ○ 의미: 특징이나 속성을 공유하는 형상에 붙인 명칭

   ○ 예: 산업, 분업

   ○ 개념을 가르친다는 것

    • 개념에 해당하는 사례와 그렇지 않은 사례를 구분하도록 하기

    • 개념에 해당하는 사례들의 공통적 특징을 찾아보기

    • 여러 사례들을 범주화하여 개념을 형성하도록 하기 등

   ※ 개념의 사전적 정의를 설명하는 것은 개념 획득 및 형성 교육으로 볼 수 없음

(3) 원리 수준의 교육 내용

   ○ 의미: 사실 또는 개념들 간의 관계를 진술한 것

   ○ 예: 지역사회의 사람들은 서로 의존해 가면서 살아간다.

   ○ 원리를 가르친다는 것

    • 여러 특수 사실 및 개념들을 적절한 범주로 조직하기

    • 범주 내의 자료들을 비교하고 그들 간의 관련성을 설명하기

    • 사실 또는 개념들 간의 관계를 설명할 수 있는 진술문 만들어 보기

    • 다른 상황에 적용할 수 있는 진술문 만들어 보기

1. 생 산

내용의 수준	경제교육 내용	수업에서 가르친 내용	내용의 중요도				
			전혀 중요 하지 않다	별로 중요 하지 않다	보통 이다	약간 중요 하다	매우 중요 하다
사실	1. 우리 지역의 자원 이용 및 개발 사례	( )	1	2	3	4	5
	2. 여러 시·도의 특산물과 전통 산업	( )	1	2	3	4	5
	3. 여러 지역 주민들의 생활 모습	( )	1	2	3	4	5
	4. 우리 시·도에서 판매되는 물건의 생산지	( )	1	2	3	4	5
	5. 지자체가 지역경제 발전을 위해 하는 일	( )	1	2	3	4	5
	6. 지역 내의 공공재의 종류	( )	1	2	3	4	5
	7. 지역 주민들이 원하는 공공재의 종류	( )	1	2	3	4	5
	8. 여러 생산 활동에서의 분업의 사례	( )	1	2	3	4	5
	9. 새로 생겨나는 직업의 종류	( )	1	2	3	4	5
개념	10. 희소성	( )	1	2	3	4	5
	11. 생산, 생산 요소, 생산지	( )	1	2	3	4	5
	12. 산업	( )	1	2	3	4	5
	13. 자원, 자연자원, 인간자원	( )	1	2	3	4	5
	14. 분업	( )	1	2	3	4	5
	15. 직업	( )	1	2	3	4	5
	16. 공공재	( )	1	2	3	4	5

내용의 수준	경제교육 내용	수업에서 가르친 내용	내용의 중요도
			전혀 중요하지 않다 / 별로 중요하지 않다 / 보통이다 / 약간 중요하다 / 매우 중요하다
원리	17. 시·도의 주요 산업은 그 시·도 특유의 자원 개발 및 이용과 깊은 관계를 가진다.	( )	1 2 3 4 5
	18. 인간이 이용할 수 있는 자원은 제한되어 있다.	( )	1 2 3 4 5
	19. 우리의 경제생활이 잘 이루어지려면 여러 직업들 간에, 또 지역 간에 협력이 필요하다.	( )	1 2 3 4 5
	20. 분업과 전문화의 발달로 다양한 직업이 계속 생겨난다.	( )	1 2 3 4 5
	21. 지역 사람들은 지방자치단체와 함께 지역의 공익을 위해 노력하고 있다.	( )	1 2 3 4 5
	22. 분업의 발달은 생산의 효율성을 높이고 경제력의 발전을 가져왔다.	( )	1 2 3 4 5
	23. 고도의 분업과 전문화는 오늘날 생산 활동의 특징이다.	( )	1 2 3 4 5
	24. 지역 전체의 생산이 분업화되고 유통이 발달할수록 모든 사람들의 경제생활은 다른 사람과 다른 지역에 더욱 의존하면서 이루어진다.	( )	1 2 3 4 5
	25. 생산은 생산 요소의 기술적인 결합을 통해 다양한 형태로 이루어지며, 경제규모와 생활수준에 큰 영향을 미친다.	( )	1 2 3 4 5

2. 시 장

내용의 수준	경제교육 내용	수업에서 가르친 내용	내용의 중요도				
			전혀 중요 하지 않다	별로 중요 하지 않다	보통 이다	약간 중요 하다	매우 중요 하다
사실	26. 물물교환의 불편함	( )	1	2	3	4	5
	27. 돈의 필요성	( )	1	2	3	4	5
	28. 시장에서 일하는 사람들이 하는 일	( )	1	2	3	4	5
	29. 주변 물건들의 생산지	( )	1	2	3	4	5
	30. 물건들의 다양한 유통 경로	( )	1	2	3	4	5
	31. 지역 간의 물자 교환 사례	( )	1	2	3	4	5
개념	32. 생산, 생산자, 생산 요소	( )	1	2	3	4	5
	33. 소비, 소비자	( )	1	2	3	4	5
	34. 분업	( )	1	2	3	4	5
	35. 시장	( )	1	2	3	4	5
	36. 물자 유통	( )	1	2	3	4	5
	37. 화폐	( )	1	2	3	4	5
	38. 가격	( )	1	2	3	4	5

내용의 수준	경제교육 내용	수업에서 가르친 내용	내용의 중요도				
			전혀 중요 하지 않다	별로 중요 하지 않다	보통 이다	약간 중요 하다	매우 중요 하다
원리	39. 물자 유통 단계에 따라 생산 품의 가격이 달라진다.	( )	1	2	3	4	5
	40. 돈은 나누기 편리하고 이동, 저 장하기 쉽기 때문에 물물교환 이 가지는 문제를 줄인다.	( )	1	2	3	4	5
	41. 물건의 생산과 유통은 지역 및 국가의 경제활동에 영향을 미친다.	( )	1	2	3	4	5
	42. 전문화는 생산의 능률을 높이 고 전문화의 정도가 클수록 시장제도의 필요성은 커진다.	( )	1	2	3	4	5
	43. 교통·통신의 발달로 물자 유통 이 활발해지면서 경제적 상호 의존성은 더욱 증가되어 왔다.	( )	1	2	3	4	5
	44. 시장은 욕구와 자원 간의 불 균형을 해소하기 위한 배분 체계로 인간의 경제활동의 중심이 되며, 시장에서의 교 환을 통한 경제적 상호 의존 성은 증대되어 왔다.	( )	1	2	3	4	5

3. 국제경제

내용의 수준	경제교육 내용	수업에서 가르친 내용	내용의 중요도
			전혀 중요 하지 않다 별로 중요 하지 않다 보통 이다 약간 중요 하다 매우 중요 하다
사실	45. 우리 시·도의 수출품	( )	1 2 3 4 5
	46. 다른 나라에서 우리 시·도로 들어오는 물건	( )	1 2 3 4 5
	47. 나라 간 물자 교환의 사례	( )	1 2 3 4 5
개념	48. 국제경제	( )	1 2 3 4 5
	49. 무역	( )	1 2 3 4 5
	50. 수출, 수입	( )	1 2 3 4 5
원리	51. 지방자치단체나 기업은 그 시· 도의 자원을 이용한 상품을 개 발하여 해외로 수출한다.	( )	1 2 3 4 5
	52. 오늘날 국가 간의 경제적 교류 와 협력 관계는 점차 증대하고 있다.	( )	1 2 3 4 5
	53. 자원과 인구의 불평등한 분배 는 무역을 경제적 복지의 필 수 요소로 만든다.	( )	1 2 3 4 5

II. 다음은 탐구 활동과 관련된 것입니다. 실제 수업에서 다룬 활동
에 ○표 해 주십시오. 그리고 실제 수업에서 다룬 활동과 다루지
않은 활동 모두를 포함하여 해당 학년을 가르치실 때 각각의 활
동이 얼마나 중요하다고 생각하시는지 그 중요도를 해당 번호에
○표에 주십시오.

번호	탐구 활동	수업에서 다룬 활동	내용의 중요도 전혀 중요하지 않다 (1)	별로 중요하지 않다 (2)	보통이다 (3)	약간 중요하다 (4)	매우 중요하다 (5)
54.	다양한 방법을 통해 자료 수집하기	( )	1	2	3	4	5
55.	자료 정리 · 분류 · 분석 · 해석하기 (예: 여러 시 · 도의 특산물과 전통 산업 등)	( )	1	2	3	4	5
56.	통계표 · 도표 읽기	( )	1	2	3	4	5
57.	견학 계획(예: 시장, 지자체 등) 세우기	( )	1	2	3	4	5
58.	조사 보고서 작성하기	( )	1	2	3	4	5
59.	정리된 자료를 통해 추론 및 검증하기(예: 지역 간, 직업 간 상호 의존 원인 등)	( )	1	2	3	4	5
60.	여러 현상을 관련지어 생각하기(예: 생산 활동과 자원과의 관계)	( )	1	2	3	4	5
61.	문제 해결 및 의사 결정을 위한 토의에 참여하고 역할 수행하기(예: 시장의 필요성 토의, 공공재 바르게 사용하기 등)	( )	1	2	3	4	5

Ⅲ. 선생님께서는 아래에 제시된 곳에 4학년 경제 단원에서 가르쳐
   야 할 경제교육의 기본 개념과 원리가 어느 정도나 명료하게 제
   시되어 있다고 생각하십니까?

〈교육 내용이 명료하게 제시되어 있는 정도〉

	전혀 명료 하지 않다	별로 명료 하지 않다	보통 이다	약간 명료 하다	매우 명료 하다
62. 교육과정	1	2	3	4	5
63. 교육과정 해설서	1	2	3	4	5
64. 교과서	1	2	3	4	5

Ⅳ. 선생님께서는 수업 준비를 위하여 다음의 것들을 어느 정도나
   참조하십니까?

〈수업 준비 시 참조하는 정도〉

	전혀 참조 하지 않다	별로 참조 하지 않다	보통 이다	약간 참조 하다	매우 참조 하다
66. 교육과정	1	2	3	4	5
67. 교육과정 해설서	1	2	3	4	5
68. 교사용 지도서	1	2	3	4	5
69. 교과서	1	2	3	4	5

Ⅴ. 사회과에서 가르쳐야 할 교육 내용을 보다 명료하게 제시하기
   위한 개선 방안에 대해서 자유롭게 적어 주십시오.

끝까지 응답해 주셔서 대단히 감사합니다.

<부록 11> 3학년 경제교육 내용의 중요도에 대한 교사 인식 정도

1. 생산과 관련된 사실, 개념, 원리들의 중요도에 대한 3학년 교사들
   의 인식 정도

내용의 수준	경제교육 내용	내용의 중요도에 대한 교사들의 인식 정도	평균
사실	· 고장 사람들의 직업 종류	4.01(0.79)	3.95 (0.63)
	· 고장의 주요 산업 종류	3.99(0.81)	
	· 고장의 주요 산업 분류	3.61(0.87)	
	· 고장의 자연환경과 자원 종류 및 이용 모습	4.19(0.85)	
개념	· 희소성	3.26(0.95)	3.58 (0.69)
	· 생산, 생산 요소	3.60(0.86)	
	· 산업, 산업구조	3.57(0.96)	
	· 자원, 자연자원, 인적 자원	3.91(0.84)	
원리	· 다양한 직업은 고장의 환경과 밀접한 관계를 가진다.	4.35(0.74)	3.98 (0.57)
	· 지역의 사람들은 지역의 자원을 효율적으로 이용하는 생산 활동을 한다.	4.26(0.77)	
	· 인간이 이용할 수 있는 자원은 제한되어 있다.	4.10(0.97)	
	· 각국의 산업구조는 1차 산업에서 2차, 3차 산업을 거쳐 이행해 가고 있다.	3.41(1.04)	
	· 산업 발달은 고장의 인문 및 자연환경과 밀접한 관련을 맺고 있다.	4.09(0.81)	
	· 생산은 생산 요소의 기술적인 결합을 통해 다양한 형태로 이루어지며, 경제규모와 생활 수준에 큰 영향을 미친다.	3.65(1.00)	

2. 시장과 관련된 사실, 개념, 원리들의 중요도에 대한 3학년 교사들의 인식 정도

내용의 수준	경제교육 내용	내용의 중요도에 대한 교사들의 인식 정도	평균
사실	· 우리 생활에 필요한 것들	4.39(0.67)	4.24 (0.50)
	· 시장에 모여드는 사람들	4.30(0.70)	
	· 시장에서 판매되는 물건	4.00(0.82)	
	· 시장의 종류	4.09(0.74)	
	· 시장이 없을 때의 불편한 점	4.35(0.70)	
	· 시장의 구실	4.41(0.6)	
	· 시장의 위치 조건	4.39(0.64)	
	· 시장에서의 물건의 유통 경로	4.04(0.78)	
개념	· 의식주	4.04(0.82)	3.94 (0.64)
	· 생산	3.97(0.78)	
	· 시장	4.17(0.73)	
	· 가격	3.95(0.81)	
	· 수요 · 공급	3.73(0.91)	
	· 물자 유통	3.82(0.86)	
원리	· 개별 생산자들은 그들의 기본적 필요를 만족시키기 위하여 다른 사람들과 교환한다.	3.97(0.87)	3.93 (0.65)
	· 생산된 생산물은 시장에서의 교환을 통해 소비자에게 배분된다.	4.07(0.80)	
	· 시장에서는 물건이 유통되는 가운데 물건 생산자, 물건 소비자, 물건 판매자, 물건 운반자 등이 서로 관련을 맺고 있다.	4.10(0.80)	
	· 시장에서는 상품을 팔려는 사람과 상품을 사려는 사람이 만족하게 되는 가격이 결정된다.	3.80(0.87)	
	· 시장은 물자의 유통을 통하여 고장을 하나의 통합된 생활공간으로 결합시켜 준다.	3.86(0.84)	
	· 우리 고장은 시장에서의 물자 유통을 통하여 다른 고장과 상호 의존 관계를 맺고 있다.	4.06(0.84)	
	· 시장은 요구와 자원 간의 불균형을 해소하기 위한 배분체계로 인간의 경제활동의 중심이 되며, 시장에서의 교환을 통한 경제적 상호 의존성은 증대되어 왔다.	3.70(0.92)	

<부록 12> 4학년 경제교육 내용의 중요도에 대한 교사 인식 정도

1. 생산과 관련된 사실, 개념, 원리들의 중요도에 대한 4학년 교사들의 인식 정도

내용의 수준	경제교육 내용	내용의 중요도에 대한 교사들의 인식 정도	평균
사실	· 우리 지역의 자원 이용 및 개발 사례 · 여러 시·도의 특산물과 전통 산업 · 여러 지역 주민들의 생활 모습 · 우리 시·도에서 판매되는 물건의 생산지 · 지자체가 지역경제 발전을 위해 하는 일 · 지역 내에 공공재의 종류 · 지역 주민들이 원하는 공공재의 종류 · 여러 생산 활동에서의 분업의 사례 · 새로 생겨나는 직업의 종류	3.75(0.93) 3.91(0.83) 4.05(0.84) 3.68(0.87) 3.88(0.89) 3.78(0.90) 3.81(0.91) 3.95(0.78) 4.20(0.87)	3.89 (0.57)
개념	· 희소성 · 생산, 생산 요소 · 산업 · 자원, 자연자원, 인적 자원 · 분업 · 직업 · 공공재	3.43(0.91) 3.79(0.83) 3.92(0.77) 4.04(0.830) 4.03(0.82) 4.25(0.81) 3.90(0.90)	3.90 (0.56)
원리	· 시·도의 주요 산업은 그 시·도 특유의 자원 개발 및 이용과 깊은 관계를 가진다. · 인간이 이용할 수 있는 자원은 제한되어 있다. · 우리의 경제생활이 잘 이루어지려면 먼저 직업들 간에, 또 지역 간에 협력이 필요하다. · 분업과 전문화의 발달로 다양한 직업이 계속 생겨난다. · 지역 사람들은 지방자치단체와 함께 지역의 공익을 위해 노력하고 있다. · 분업의 발달은 생산의 효율성을 높이고 경제력의 발전을 가져왔다. · 고도의 분업과 전문화는 오늘날 생산 활동의 특징이다. · 지역 전체의 생산이 분업화되고 유통이 발달할수록 모든 사람들의 경제생활은 다른 사람과 다른 지역에 더욱 의존하면서 이루어진다. · 생산은 생산 요소의 기술적인 결합을 통해 다양한 형태로 이루어지며, 경제규모와 생활수준에 큰 영향을 미친다.	4.33(0.76) 4.20(0.82) 4.27(0.78) 4.22(0.93) 3.95(0.83) 4.04(0.93) 4.07(0.83) 4.05(0.83) 3.87(0.86)	4.10 (0.58)

2. 시장과 관련된 사실, 개념, 원리들의 중요도에 대한 4학년 교사들의 인식 정도

내용의 수준	경제교육내용	내용의 중요도에 대한 교사들의 인식 정도	평균
사실	· 물물교환의 필요성	3.91(0.85)	3.94 (0.65)
	· 돈의 필요성	4.24(0.80)	
	· 시장에서 일하는 사람들이 하는 일	4.00(0.85)	
	· 주변 물건들의 생산지	3.64(0.84)	
	· 물건들의 다양한 유통 경로	4.13(0.80)	
	· 지역 간의 물자교환 사례	3.77(0.86)	
개념	· 생산, 생산자, 생산요소	3.86(0.84)	4.02 (0.62)
	· 소비, 소비자	3.99(0.80)	
	· 분업	4.04(0.79)	
	· 시장	4.13(0.78)	
	· 물자유통	4.19(0.78)	
	· 화폐	4.04(0.82)	
	· 가격	3.99(0.88)	
원리	· 물자 유통 단계에 따라 생산품의 가격이 달라진다.	4.20(0.83)	4.03 (0.70)
	· 돈은 나누기 편리하고 이동, 저장하기 쉽기 때문에 물물교환이 가지는 문제를 줄인다.	4.05(0.82)	
	· 물건의 생산과 유통은 지역 및 국가의 경제 활동에 영향을 미친다.	4.09(0.85)	
	· 전문화는 생산의 능률을 높이고 전문화의 정도가 클수록 시장 제도의 필요성은 커진다.	3.92(0.92)	
	· 교통 · 통신의 발달로 물자 유통이 활발해지면서 경제적 상호의존성은 더욱 증가되어 왔다.	4.07(0.87)	
	· 시장은 욕구와 자원간의 불균형을 해소하기 위한 배분체계로 인간의 경제활동의 중심이 되며, 시장에서의 교환을 통한 경제적 상호의존성은 증대되어 왔다.	3.92(0.92)	

3. 국제경제와 관련된 사실, 개념, 원리들의 중요도에 대한 4학년 교
   사들의 인식 정도

내용의 수준	경제교육내용	내용의 중요도에 대한 교사들의 인식 정도	평균
사실	·우리 시·도의 수출품 ·다른 나라에서 우리 시·도로 들어오는 물건 ·나라간 물자 교환의 사례	3.76(0.85) 3.66(0.83) 3.84(0.85)	3.72 (0.74)
개념	·국제경제 ·무역 ·수출·수입	3.79(0.91) 3.97(0.87) 4.13(0.84)	3.96 (0.77)
원리	·지방자치단체나 기업은 그 시·도의 자원을 이용한 상품을 개발하여 해외로 수출한다. ·오늘날 국가간의 경제적 교류와 협력 관계는 점차 증대하고 있다. ·자원과 인구의 불평등한 분배는 무역을 경제 적 복지의 필수요소로 만든다.	3.98(0.92) 4.10(0.90) 3.75(0.96)	3.91 (0.80)

· 저자 ·

전영미　　· 약 력 ·
(全映美)
　　　　　이화여자 대학교 사범대학 교육학과 졸업
　　　　　이화여자 대학교 대학원 교육학과 석사(문학 석사)
　　　　　이화여자 대학교 대학원 교육학과 박사(문학 박사)
　　　　　1994년-1996년 미국 하버드 대학교 방문 연구원
　　　　　1998년-2000년 덕성여자대학교 열린교육연구소 연구원
　　　　　2003년-2005년 미국 버지니아 주 버지니아 폴리테크닉 대학 박사후 과정 수료
　　　　　2006년 한국교원대학교 경제교육연구 전임연구원
　　　　　현재 상명대학교 교육개발센터 전임연구원
　　　　　이화여대 교육대학원, 상명대, 외국어대학교 교육대학원 강사

· 주요논저 ·
「대학 수업의 수월성을 위한 교수·학습 센터의 역할 탐색 : 우리나라와 미국의
　교수·학습 센터의 홈페이지 분석을 중심으로」(2006)
「초등학교 교사의 교사용 지도서 활용 방식에 대한 연구 : 두 명의 미국 교사를
　중심으로」(2006)
「세계화 및 지식기반경제 시대에 대처하는 학교 경제교육평가의 방향 탐색을 위한
　전문가 델파이 조사」(공동연구)(2006)
「학교 경제교육평가 문항의 개발과 적합성 분석을 위한 전문가 델파이 조사 연구」
　(공동연구)(2006)
「중학교 사회과 교과서 내용구성과 체제:6차, 7차 교과서와 미국 교과서 비교·분
　석」(공동연구)(2005)
「초등학교 3·4학년 사회과 교육과정에 제시된 경제교육 내용의 구조성 분석」
　(2002)
「교육 내용으로서의 지식의 성격: 브루너의 교과의 구조 이론을 중심으로」(2000)
『열린교육을 위한 학교교육과정 모형과 자료개발 연구』(공저)(1999)
『경제 경영교육』(공역)(2006)
『신문제해결학습모형』(공역)(2006)
　외 다수

초등학교 3, 4학년 사회과 교육과정의 경제교육내용과 내용제시방식

- 초판 인쇄 | 2007년 5월 20일
- 초판 발행 | 2007년 5월 20일
- 지 은 이 | 전영미
- 펴 낸 이 | 채종준
- 펴 낸 곳 | 한국학술정보㈜
  경기도 파주시 교하읍 문발리 526-2
  파주출판문화정보산업단지
  전화 031) 908-3181(대표) · 팩스 031) 908-3189
  홈페이지 http://www.kstudy.com
  e-mail(출판사업부) publish@kstudy.com
- 등   록 | 제일산-115호(2000. 6. 19)
- 가   격 | 15,000원

ISBN   978-89-534-6727-9 93370 (Paper Book)
       978-89-534-6728-6 98370 (e-Book)